U0004291

前進或死亡

死 或 亡

我在法國外籍兵團拿命來換的那五年

許逢儒 HOU Fu 著

外籍兵團募兵站

第一外籍工兵團

第二外籍工兵團

兵團總司令部

外籍兵團第十三半旅

巴黎

聖克里
斯托爾

洛丹

拉卡瓦勒里

尼姆
（募兵總站）
歐巴涅

巴斯提亞

卡碧尼昂

卡爾維

卡斯泰爾諾達里
（新兵訓練中心）

科西嘉島

第二外籍傘兵團

外籍兵團第四團

第二外籍步兵團

圭亞那
（法屬）

第一外籍騎兵團

LEGIO
PATRIA NOSTRA

3ᵉR.E.I

第三外籍步兵團

法國外籍兵團各團部駐紮地與團徽

阿布達比
（海外任務、沙漠訓練）

吉布地

馬約特

馬約特特遣隊

Contents

Part 2 前進科西嘉島

Part 3 阿聯酋沙漠支援

Contents

Part 4 換團前訓練

Part 5 第十三半旅

自序　往後依然

　　正值多事之秋，烏俄戰爭爆發已經好一段時間，台海情勢也風雲色變。在這動盪的年頭，每天新聞上都是國防相關的新聞，軍人被推上風口浪尖，再次被重視了起來。有很多人說參軍如炮灰，如今軍人的訓練以及他們的配置裝備，能夠保護他們的性命嗎？這是很直接的問題。畢竟沒有人願意當炮灰，軍人的命也是命，也是父母的心頭肉，可能也是一家的梁柱。即便我們當兵的不怕死、不怕犧牲，但是不能白白犧牲。

　　現在的人，多半沒有經歷過戰亂時期，也沒有接觸任何打過仗的人，覺得和平乃理所當然。但其實人類自有歷史以來，或大或小的戰爭從未停歇，一旦戰爭開打，勢必會殃及無辜，多少家庭得面臨分離，多少人得過上顛沛流離的日子、得面對家破人亡的處境。

　　烏克蘭現在所發生的事情，能給我們一個警醒，戰爭來臨前如暴風雨前的寧靜，直到戰時才會頓時風雲變色。所有人都覺得不會發生戰爭，然而一切就這麼發生了。

如果自己的國家開戰，故鄉遭受炮火洗禮，你的親人受到迫害，你的朋友在前線戰鬥，我們即便想逃離戰爭，又能逃去哪裡？覆巢之下無完卵，在這土地上有我們一生累積的財產，有多少東西能帶走？有更多東西甚至不是金錢能夠衡量，一旦失去了，可能將永遠找不回來。

　　總而言之，一旦戰爭爆發，人民永遠不會是贏家，我們普通百姓，既不是既得利益者，也不是戰爭狂熱分子，敵人的血不為我們的榮譽加勉，也不會讓我們多賺一筆戰爭財，但是我們卻得承受戰爭的所有後果。

　　離開台灣的時候，我剛滿十九歲，普通高中畢業，服完了義務兵役。偶爾也像大多數年輕人對於未來感到迷惘，可是我的心中早已經有了答案：加入法國外籍兵團。

　　成為外籍軍人是我的夢想，那是十九歲的我唯一想去的地方，我滿心嚮往地跟隨自己內心的聲音，哪怕前方是堅硬的牆，我也義無反顧地衝撞。本該是如詩如畫、自由奔放的歲月，我卻來到了世上最著名的鐵血軍隊，心裡惦記著家鄉，身上了無牽掛，前方道阻且長。

　　此書有我真實的過往，或許有些故事能改變你對於人生的一些看法，讓你更加信任自己，朝目標勇往直前，要相信，人有無限潛力。但我並不希望正在看這本書的你也來當兵，畢竟在國外當兵，不適合所有的人，甚至不是條正常人該走的路。

　　作為國外軍隊的軍人，在外地會發生一些事，並感慨這是如此複雜的時代，人已經不太能夠對生活有太多的幻想，現實往往壓得讓人猝不及防。

如果能讓你們在書裡獲得什麼收穫，那我希望是一個普通人在亂世中的處世精神。

　　希望這是本真誠的書，能夠更完整、更真實、樸實無華地說一些事情，哪怕是生活中無謂的小事，我也希望你們能夠獲得一些前進的力量，就像我一頭栽進未知的世界，讓你們看看我看見的風景，還有在法國外籍兵團當兵生活的自然狀態。

　　路都是人走出來的，只要目標明確、心誠志堅，沒有任何高牆能擋得了你的嚮往。保護傘下的世界很美好，但是我要走出我自己的路。從前如此，往後依然。

Part 1

成為
法國外籍兵團一員

對軍隊生活的想像

　　法國外籍兵團，公認世上最精銳的部隊之一，絕大部分的法國人都認為這是亡命之徒的群聚地。在歷史上確實曾經如此，因為法國國王路易-菲利普一世組建外籍兵團的初衷，是為了解決當時社會上的犯罪問題，把威脅治安的流氓與遊手好閒的暴力分子送往戰場，將這些人變成國家的利刃，一舉兩得。

　　而今時不同往日，雖然仍有許多為了揮別過去而來到這裡的人，但是法國外籍兵團在徵選時已經不接受重刑犯，有些小錯、曾有前科都可以接受，但絕不能是強姦犯或是殺人犯，若因為這些無法被接受的原因而被國際刑警通緝，兵團非但不會錄取你，還會把你移交法辦。志願者的過去由兵團負責安全和保護的人員審查，這個特殊部門經常與國際刑警聯繫，以便核實志願者的身分與犯罪紀錄。

　　我們為法國服役的原因，與我們本身的信仰無關，甚至我們自己就是沒有信仰的人。這裡成為了改變人一生的場所，法國外籍兵團成員都被稱為「那些沒有名字也沒有過去的人」，兵團給

人第二次機會，也是人生重來的機會。

　　為了保護曾犯錯的戰友，每個人到此，都會得到一個新的身分，你可以選擇用這個身分服役，也可以在一定役期之後，申請換回自己的名字。在此之前，你的護照將會被兵團保管。兵團成員在五年內會受到種種限制，且必須維持單身狀態，不能結婚、不能買車，也不能買房置產，甚至連週末坐上汽車駕駛座也不被允許。

　　這讓我想起在台灣服四個月義務役時，常常聽到有人說國軍是夏令營。

　　我在高中畢業後就去服義務役，跟我同梯的也都是十八歲沒有升學，或是國高中沒畢業、早早投入職場的社會人士。剛進去新訓的時候，坐在小板凳上聽班長說話，我心想這就是軍隊吧！離開熟悉的個人生活，到了一個全新的環境，去掉個人化的特立獨行，什麼事都得跟大部隊一起，剃頭髮、穿軍服、睡大通鋪、學習軍隊禮節，當時還不清楚等待我們的將是什麼。

　　印象很清楚，因為緊張，我到第五天才成功去廁所大便。千呼萬喚「屎」出來，但是比我更糟糕的人還有許多，畢竟大家幾乎都是首次離家，離開了舒適圈。

　　當時還有個大便調查，看是不是有連續幾天都沒大便的入伍新兵，結果還真不少，甚至有一個禮拜都沒有排便的鄰兵，到最後只能去醫務室領軟便劑。

　　當時也有個小插曲，我竟然拿了「紅臂章」，當時差點以為去法國的從軍夢碎了。通常紅臂章都是給身體有問題或者過胖的人，我的原因則是因為心跳過慢，那時候我的心跳一分鐘大約

四十五下。正常來說，一般人心率介於每分鐘六十下到一百下的區間，然而心跳過慢並不一定是疾病，而是也常常出現在運動員與經常鍛鍊的人身上，我自認是屬於經常鍛鍊的那群。

體能操課時，班長都會特別注意我們戴紅臂章的人，不能讓我們過勞，出事的話他們會完蛋。尤其當時國軍仍在洪仲丘事件的風波之下——洪先生是成大畢業的高材生，在退伍前兩天，在緊閉室被非法虐待，最終造成了他的死亡——他的事件影響到了整個國軍，矛頭直接指向軍隊管理制度，連帶處罰了當時一大票官兵，導致當時國軍特別害怕又出事情，不敢讓我們操練，甚至有些矯枉過正。

這實在讓我太悶了，而且我很想說我不需要紅臂章這個東西，那是因為平常我有運動習慣，心跳慢也算是正常，所以後來我就自己決定不戴了。

大部隊生活讓我印象深刻的還有「洗澡」這件事，因為人實在很多，連上一百多人，但是澡堂卻有限，因此每天晚上搶洗澡都像一場競賽。雖然明令禁止在走廊奔跑，但是只要班長不在，走廊上就會上演動物大遷徙般的狂奔，稍微晚一點就得排到隊伍最後面，而且每個人只能洗三分鐘的戰鬥澡，如果在澡堂洗太久，那就是千夫所指，叫罵聲是此起彼落。

此外，也是在澡堂裡面，我第一次看到這麼多人刺龍刺鳳。有個刺青到屁股的弟兄突然拍我肩膀，我以為是要幹嘛，結果他說我練得這麼壯，以後我們排上打架都要靠我。

晚上睡覺的通鋪則是上下鋪，每個床上都有已經疊好的「豆腐棉被」，還有防蚊紗網。班長會教導我們怎麼摺豆腐，雖然有

認真學，但往往還是摺得差強人意，棉被要摺成豆腐真的很不容易，後來很多人乾脆睡覺都不蓋被子。

為了預防我們在睡覺的時候跟鄰兵說話，或聊得太興奮睡不著，所以我們睡覺時是頭腳相對，每個人都是對著鄰兵的腳。剛開始是還好，但是穿了一天軍靴之後，有些弟兄的腳確實是頗有一番臭味，最後等到班長來寢室熄燈時，所有人一起喊：「班長晚安，各位弟兄晚安。」

這是我對部隊生活最初的體驗，至於國軍是不是夏令營，在我看來，那些都是並非身處其中的人所說的風涼話。

我認為義務役的問題不是時間，而是訓練的質跟量，至少要讓進來為國服役的人，在服義務役期間確實訓練，而不只是虛晃光陰。如今國軍義務役四個月，時間上當然不比以往一年甚至兩年的役期，但是法國外籍兵團的新兵訓練也是四個月，卻足以讓人脫胎換骨。

即便是以往服役一年的兵，就真的有戰力嗎？我認為精兵才是國軍該走的募兵路線，讓投身軍旅的男兒受到更多的專業訓練，提升裝備、改善制度，並且讓這些為國奉獻的人在社會上更被尊重，從而改善台灣國防的信心，以及國軍在人民心中的形象。

兵，貴精不貴多，國軍部隊的訓練太過落後，制度上有不少問題，永遠都在做一樣的套路給上級看，比如至今仍在訓練刺槍術，卻不多花子彈讓軍人練槍。

據某個國軍特種部隊朋友說：「我要坦言，我在特種部隊待了數年，步槍射擊不超過兩百發子彈，手槍射擊不超過五十發。在你眼裡看來是不是超級不可思議，但真正的國軍就是長這樣。

我們都這樣淒慘訓練了，何況是一般部隊。」、「槍永遠是放給督導看，子彈永遠都在期限快到的最後一刻，才要某部分人消耗彈藥，胡亂射完交差。」

軍隊改革不該怕事，而是該做正確的事，哪怕媒體叫罵，兵該學的就是得學，該操的就是要操，不要導致國軍最終積弱不振，只能仰仗不知道會不會來的外援。

軍隊該是有志之士待的場所，而不是打混過日。少些冗兵，多些菁英，這些體會，都在我往後兵團的日子裡感受更為深刻。

下定決心去當兵！
赴法前的行前準備

　　從高中二年級某一天開始，那時候該是有些浪漫主義的影子，對未來產生想像，每當他人問起我：「你以後打算做什麼？」

　　我都回答：「去法國當兵。」

　　當我爸媽知道我想到法國當兵的時候，他們覺得我瘋了。一開始不打算管我，把我的話當作笑話看待，以為我只是心血來潮隨意說說。結果後來一、兩年內，他們為了改變我的決定而做了許多努力，先是讓親朋好友來當說客，再後來甚至斷了我經濟上的援助，因此曾有一段時間我離家出走。直到最後，他們發現無法動搖我的決心，只能迫於無奈接受我的選擇。

　　為了順利到法國當兵，我開始接觸法國文化，從學習法語開始。在我所處的彰化小城裡，唯一可以補習法語的地方就是救國團的基礎法語課，對於當時的我來說，一週一次的法語課，要上實在挺不容易，因為法語課在彰化市救國團中心授課，也就是著名的八卦山大佛腳下，從我家出發並沒有直達的大眾運輸工具，

所以我得在學校課程結束之後，自己騎腳踏車過去，來回路程大約五十公里，上完課回到家往往已接近凌晨。

高中畢業後，我一面等義務役兵單，一面四處遊歷、鍛鍊體能。曾有一段時間，我背著簡單的隨身行李獨自一人去了台南，當時在台南火車站租摩托車時，問了租車行的大哥哪裡有便宜住宿？他竟推薦我：「我家就不錯。」

大哥家大約住了十多個租客，一個月租金台幣三千五百元，房間非常狹小，基本上沒有能夠轉身的空間，幸好勉強有空間做伏地挺身，於是我就在此安定了下來。

在附近找了個簡單的廚房打雜工，拿著一個月一萬九台幣的薪水，在當時是低於標準薪資的，不過我志不在此，本來就沒想要長做賺錢，只希望能夠自力更生掙口飯吃。在餐廳工作的好處就是不怕挨餓，工作中途休息時間有三個小時，正好作為下午鍛鍊體能的時間。

德不孤，必有鄰。我很快遇到了一群同樣熱衷體能運動的人——台南鐵人隊，只要不懼怕訓練辛苦，都可以參與團訓。有空閒我就去參加他們的訓練項目，早晨通常是長跑，一早起來就跟著台灣超級鐵人界的大魔頭李高偉大哥，跑個二、三十公里訓練耐力，邊跑邊聽各種軍隊的故事，比如當年在海龍蛙兵是如何悍勇。晚上則在操場進行高強度間歇訓練，用百分之八十到九十的速度跑四百公尺，稍作休息之後再次拿命奔跑，如此來個二十趟循環。還有游泳訓練、漁光島自由海泳、週末馬拉松長跑等，也會參加移地訓練，從市區到附近鮮有人煙的山林密道，或用腳踏車代步，或有好心大哥熱情開車接送。

有時晚上在成功大學的田徑場跑完步之後，結伴去附近知名豆漿店吃些宵夜，喝上一大碗熱騰騰的豆漿；有時在漁光島海灘游完一圈，上岸一同烤火，烤些鮮魚和野生干貝。同時，我也訂了某家健身房會員，每週固定自行訓練三、四次。跟著一群訓練魔人，李高偉大哥、邱仲廉教練等等，總是相愛相殺的拚命訓練，也學到了這些運動員不輕易外傳的飲食祕笈、科學且系統化的訓練思路，以及他們背後的那些故事。

　　在台南一邊打工、一邊練體能，當時我實在沒有閒錢再去補習法語，只好自學，所幸現在網路上有許多良好的學習資訊，提供了許多幫助，尤其是教育廣播電台的法語聽講，基本上聽了再聽，聽了好幾百講，就這樣，為我的法語能力打下了基礎。

「咻！」
換了一個全新身分

　　坐在飛往法國的飛機上，這是我第一次獨自出國，心裡絲毫沒有旅遊的心情，只想著不成功便成仁。英語聽不懂也不會說，法語則勉強能簡單溝通。順利過了法國海關之後，迎接我的，是三月巴黎冷冽的風，雖然穿著羽絨外套，寒氣仍然輕易地穿透身體，看著偌大的機場候機大廳，來來去去的旅客，身邊各式各樣的外國人，一切都好新鮮。

　　因首次出國不曉得要開通國際漫遊，一抵達法國手機便沒了網路，不過從機場去巴黎募兵站的路，早已銘記於心。

　　外籍兵團在巴黎的募兵站說實在並不是很好找，既沒有路標指引，又處在巴黎遠郊。從一個平凡無奇的十字路口走過，突然左手邊有座一層樓高的城堡大門，準確來說是軍事堡壘大門，從沉重的拱形大門看過去，隱約看到門後有個高大的衛兵就站在那裡。我走上前去，第一次如此接近法國外籍兵團，我仍記得那名衛兵是亞洲面孔，他要我交出護照，接著便有人領我進去旁邊的

小屋。

　　屋內有三、四位同時來報名的人，不過我們沒有交談的權力，甚至沒有人嘴角含笑。前方站著法國士官，我們就在他的要求與注視下，從包包倒出了自己所有的隨身物品，他一一檢查。在這之後，所有人被帶到另一棟樓，在走廊上測試拉單槓，成績就寫在右手手背上，大部分的人都拉超過十下，我拉了十二下；有個人只拉五下，當場直接離開，沒有被留下。

　　通過單槓測驗的人被送進等待室，等候期間有位軍人拿問卷讓我們填寫，還找了位中國人幫我翻譯，那名翻譯是早我幾天來報名、已經寫過問卷的志願者。問卷問題涵蓋頗廣，姓名、國籍還有學歷，哪一年做過什麼事，有沒有犯罪紀錄？是否吸毒？有沒有身體疾病？通過什麼管道認識到外籍兵團？有沒有認識的服役人員？為什麼來此參軍等問題。

　　等待唱名時，下士突然「咻！」地大喊，喊了好幾遍都沒有人應答「Présent！」，也就是法語「在」的意思。旁邊的人這才提醒是在叫我，因為外籍兵團所有人只互稱姓氏而不會叫名字，而且外國人通常難以發中文的音，便把我的姓氏「許」叫成「咻」了，因此我得好好適應，只要類似的叫喚，基本上都是在叫我。

　　第一個在外籍兵團的夜晚，儘管在飛機上沒有睡好，我卻依然失眠，躺在上鋪看著窗外。盯著窗外月亮，月亮的曲線彎得有些魔性，如同巫婆的笑容，這就是國外的月亮？還真是不圓。隔壁床的鄰人在胸口比劃十字，雙手交握於胸前，眼睛卻無神地睜開著。此刻對誰都不容易。

　　隔天，幾個新人被一一叫到辦公室，進去坐下之後，面前的

長官核對了基本個人資料後說：「以後你就叫做 HOU Fu（音近「侯夫」）。」就這樣，在法國的第二天，我有了另一個名字、另一個身分，連我的個人資料，出生地、生日、父母的名字等都有了全新的「設定」。

擁有了全新的身分，接下來的身體檢查，依然是漫長的等待，從驗尿、視力、心電圖、聽力，到最後全身脫光讓醫生檢查身體，每項都至少等一個多小時，期間也不許交談。醫生完全不像是醫生，倒像極了個屠夫，大件的白色醫生袍披在他身上像是緊身衣。

等待室裡除了我以外還有幾位志願者，有幾個人相當強壯，總是趁著睡前在床邊做伏地挺身。有三位壯漢特別令人印象深刻，身高一百九，身材強壯如牛，是我們永遠不想在深夜小巷遇見的那種人。其中一位醒目的美國大光頭壯漢，笑起來很像科學怪人，另外兩位巴西壯漢，膚色一黑一白，都是爽朗的漢子，很快就在等待室裡互相比賽腕力。最厲害的是那名巴西黑人巴拉岡薩，他與美國光頭壯漢比賽的時候，宛如世界大戰，所有人屏氣凝神圍觀。他們有如古羅馬戰場那各領風騷的英雄，兩個人都有可怕的體魄，但是結果卻是毫無懸念，巴西壯漢明顯更勝一籌，當下我感覺木頭桌子都差點斷裂。

剛到募兵站的前幾天，幾乎每天都在等待。等著簽合約，等著面試，還有等吃飯，等候室裡放著介紹外籍兵團的雜誌，也是我們少數的消遣。偶爾飯後和蒙古小哥角力，剛開始總是被摔倒，我屢敗屢戰，後來他越來越難擊倒我，甚至我偶爾還能險勝。蒙古小哥說，他們那裡的人會把手放進牛尿裡，手便會堅硬如石，可以破壞任何東西。當下我向他表示感謝，真是好的搏擊技巧，

不過我心想，打死我也不會嘗試。

每每跟蒙古小哥角力後，脖子就會異常疼痛，因為他會抓著我的後頸，拍打頸部使人頭暈，然後拉扯衣領破壞重心，再用腳一絆，瞬間將我摔倒。

後來，幾個人因為身體問題被送走，那美國光頭壯漢也在其中，臨走前，他用豐富的肢體語言告訴我們，今晚將與姑娘同眠，而我們留下的人只能……自我解決吧！

在巴黎募兵站期間，只要有長官在的場合，我們什麼都不能做。我們被禁止做任何運動、任何事，只能待在一個密閉的室內，度過枯燥漫長的等待，唯一值得慶幸的是伙食還不錯。除此之外，身處異鄉的我失去了自己的語言，中文在此顯然無用武之地，可後來我在等待室某個不起眼的角落裡，發現了一段中文寫下的話：「這裡不是人來的地方。」

兵團總司令部，
正式募兵篩選

　　離開巴黎募兵站後，將由兩名士官帶我們這群志願者，前往法國第二大城市馬賽旁邊的小城鎮：歐巴涅（Aubagne）。早晨四點起床，交還所有個人物品，換上原先報名時穿的便服，從巴黎火車站出發。一路往南方前進，目的地是外籍兵團總司令部，並在那裡開始正式的募兵篩選。

　　那是一座偌大的倉庫，志願者們首先排成一列，由左至右，叫到號的人，進去拍照、建立檔案，就像是囚犯入獄服刑前拍的照片，手上拿著寫有名字的牌子，拍正面照和側面照。在此之後，所有人被趕到倉庫角落脫光衣服，連內褲也不例外，像是野生動物一般完全地「袒裎相見」。把個人隨身物品放在腳前方，接著由一名士官統一發放衣服、褲子、內褲和盥洗用具等基本生活物品，供募兵篩選期間使用。我們自己的行李都不能留，包括香菸、字典，所有一切。

　　我們這群志願者，此刻都穿著藍色運動套裝，繫腰帶、掛水

壺，這時的我們被稱為「bleu」，法語中藍色的意思。

此外，我們這些從巴黎募兵站來的人，在這裡都被戲稱為都市巴黎人（Parisiens），有點像台北天龍人的概念，並與其他地方報名的人混在一起。

當集合場鈴聲一響，幾百個志願者必須第一時間跑過去集合，其他時候就在營區負責打雜。讓我們集合的原因很多，時常動不動就會響鈴，有時候只為了找一、兩個人做事，或者是說幾句話，再來不外乎是問「有誰想要離開？」

在總部時，我們一群「藍色菜鳥」總是做著各式各樣的勞動，一會兒要徒手翻新草地，一會兒又要去搬運貨物，再不然就是去餐廳洗盤子、掃地。既然志願來到法國、效忠法國外籍兵團，吃不飽、穿不暖是常態，更沒有娛樂可言，沒有手機及一切通訊設備，只有隨時放在口袋裡的一本空白小本子和一支原子筆，有一句我們必須牢記的話：本子和筆永遠放在可及之處（Carnet et stylo sont toujours dans la poche.）。

隨身攜帶紙筆為的是永遠不忘記寫下來的事情。除了可以讓我們學習法語之外，也得抄寫長官所下達的命令，以及該注意的事件，需要記錄的事情可不少。

篩選期間，我遇見了第一位來自台灣的同鄉，一個假名為「韓」的年輕人，在台灣海陸服役過一年，因為在南非長大，說著一口流利英語。

初次見面時，他告訴我：「在這裡雖然辛苦，但是法國外籍兵團福利很好，而且你還年輕，錄取機率很大，不管再怎麼辛苦，只要撐下去，法國會照顧這些為他服役的人。」

不過，在認識他後第五天，他提出了退出申請。

我十分不解，便在他收拾行李離開前找他細究原因，他回說：「再多一秒都待不下去了。」

理想碰上現實，不總是那麼豐滿，有時真的很骨感。新兵在高壓環境下被篩選，除了生存所需，其他一切難求，很多事情都令人費解，也不會有人尊重，因為或許那本來就不是必須給予的。例如洗澡時間只有十秒，衣服都來不及穿就讓人去外頭吹冷風、思考人生，我因此對法國冬天的酷寒留下深刻印象。

三月，即便在法國南方，戶外依然寒冷，我們身上並沒有禦寒衣物。早上五點起床後就待在戶外，等待集合去餐廳吃早點。早晨的冷冽空氣下，所有人沒有太多交談，都試著擠在靠牆的背風面，盡可能依偎彼此的身體，如同在冰天雪地的企鵝只能擠在一起取暖。

篩選前在兵站的每一天都是枯燥無味的，不會有任何人尊重我，因為我只是未入伍的志願者，即使有人在這個階段生病，他們也不會讓人接受治療。而且我們裡頭，許多人都是為了參軍而特意出國，此前都沒有接觸過其他國家的人。一群人聚在一起，疾病瘋狂肆虐其中，亞洲人生美洲病，美洲人生非洲病，非洲人生澳洲病，澳洲人生歐洲病，歐洲人再生亞洲病……

於是，在這裡待了一週後，我就生病了，原因細究起來，我想是我吃了巴西人吃不完剩下的牛排。那天我看到那位強壯的巴西朋友巴托爾臉色不太好，牛排只吃了一口就不再進食，「不能浪費啊！」我這麼心想便替他吃完，之後我才想他當時應該是病了所以才沒有胃口。

那時我真的很不舒服，感覺連站立都成了問題，於是我鼓起勇氣，操著很遜的法語，私下去找了負責的長官。我說：「長官，我想我是生病了。」

「你身體不舒服？」他故作驚訝道，然後出奇不意過來揍了我兩拳，打得我彎下了腰，原本就不舒服，這兩拳更讓我感覺到了絕對的不尊重。

「那你就離開吧，這裡只需要無論如何都堅持下來的人。」

是啊，我為了過來當兵，早已把尊嚴拋諸腦後。因此，這兩拳反而像是給我打了強心針，提醒了這就是我無論如何都想要過的部隊生活，而且這還只是剛開始。

只不過，當時因為身體實在太不舒服，接下來我錯過了所有集合的號角，直接躺在了運動場的樹叢之中，內心祈禱沒有人會發現我。當然，有不少志願者知道我當時躲著的事情，而我臉色蒼白的樣子，也讓人願意主動幫我掩護，有一名中國志願者還偷偷幫我拿了餐廳的食物。

我就這樣面朝太陽昏睡了一整天，且沒有被發現，因為志願者實在太多，被叫去做各式各樣雜務的人也不在少數，不一定每次都會點名。雖然曬了整天的太陽，但好好休息之後，身體總算有所好轉。

我在當兵期間，最早認識的中國人叫做「朗」，當我生病躲在草叢的時候，就是他過來拿了偷藏的食物給我吃。他來自山東，曾在法國打黑工，在巴黎待了數年，苦無法國居留的合法身分，薪資總是比其他人還要低，所以已經三十歲好幾的他，來到了法國外籍兵團。

每一個來到外籍兵團的人，難免有苦衷，套一句朗當時說過的話：「唉！選不上愁，選上也愁，還是選上好了！」

藍色菜鳥必須通過智力測驗、體能折返跑和單槓測試，接著會被傳喚與高級長官面試，我總共面試了兩次。語言不通的人可以要求翻譯，當時是名中國籍下士長替我翻譯。

面試的問題不外乎參軍的理由、能否為法國犧牲、是否接受法軍每月一千四百歐元的薪資，還有進行身家調查。法國外籍兵團能接受志願者曾經犯罪，但是現在已經不再接受強姦犯、殺人犯。很多人都是為了告別過去而來，等到第一份合約結束，曾經有過犯罪紀錄的人，可選擇與過去一筆勾消。但是法國外籍兵團的身家調查非常嚴格，不容許說謊者，若是事後調查發現此人說法與真實情況有出入，輕者關禁閉，重者遣返。

面試完之後，最後則是軍方高層開會，決定最終留下的人。

公布篩選結果時，每個志願者拿好背包，裡頭裝著所有領取的東西，按照身高由高至矮排成五行，等待法國長官公布入選者姓名。如果被唸到名字，就代表「幸運」入選了，這時候我們不再是「藍色菜鳥」，而是戴上紅色臂章，被稱為「紅色」，我不明其意，也許在法語裡面紅色代表更加高級吧？變成「紅色」之後，我們要負責管控那些藍色菜鳥，比如在他們洗澡的時候，邊敲打澡堂牆壁，邊喊洗澡剩下的秒數，可能是三十秒，或者二十，再狠一點，等他們身體剛弄濕，就得馬上出來。

每個人從宿舍去澡堂的路程，都是全力衝刺，因為越到後面，水會越來越冷，洗澡時間越短。我們充滿了對藍色菜鳥的怨念，彷彿自己已經高他們一等。

在歐巴涅，是入伍前的篩選，也是最後反悔的機會。來到此地的志願者年齡大多為二十五歲上下，超過三十歲的人不多。有的大學剛畢業，有的特種部隊退伍，也有無業人士，甚至有醫生、工程師等各行各業、各式各樣的人，而兵團對所有人都一視同仁，每個人都得重新開始，一切歸零。

入選後，還有一場面試，這次是真的與過去徹底道別。每個人都有過去，而這裡是忘記過去的地方，在人事辦公室，做好最後的確認，他們會拿出當時報名帶來的行李，將你手機裡的 SIM 卡，還有銀行卡，直接放入碎紙機，把一切碎得不能再碎。

那一聲清脆、把過去剪碎的一瞬間，我幾乎臉色刷白。因為那代表著我們的後路，徹底斷了。

外籍兵團第四團，
新兵訓練中心

來到卡斯泰爾諾達里（Castelnaudary）的火車站，每個人都背負著沉重的行李，前面一個包，頭上還有一個，加起來接近五十公斤的裝備行囊，部隊派了專屬的巴士負責接送我們。我們的目的地是外籍兵團第四團的兵營，這裡是所有外籍兵團新兵參與培訓的地方。大巴士進入營區，在新兵訓練宿舍前停下。

在士官指揮下，我們卸下所有行李，依序搬上宿舍二樓。來到二樓走廊，兩位大鬍子長官在這裡等待我們：羅馬尼亞下士長莫斯羅，還有英國下士侯韋。而我們所有的戰術背包（Musette）、迷彩戰鬥野營背包（Sac à dos）和行李袋（Sac TAP）都被混雜在一起，每個人得在其中找到自己的裝備包，而澳洲人湯尼始終沒有找到他的包，找得滿身大汗還是找不到。羅馬尼亞下士長，這位黑色大鬍子便直接揮了他幾拳，再拿鑰匙打他的頭，血就這樣從湯尼的額頭流下，留了個拇指大的傷口。後來我們才知道，原來當時那只是上級的惡趣味，藏起某個包，故意藉此打人罷了。

奔波一天到了新兵訓練中心，每個人分得一個床位。找到行李之後，我們一行人被命令直接熄燈就寢，沒有人可以洗澡、更換衣服，只能帶著一身疲憊窩進睡袋，然而這卻是最美好的時刻，因為終於可以什麼都不想。

　　第二天，長官給每個新兵指定房間，每個房間都搭配一名下士。房間很乾淨，沒有任何多餘擺設，僅有五張床和與床位相應的鐵櫃，最裡頭的是下士的床位。每個房間設有一間浴室和洗臉槽，但房內的浴室只有下士能夠使用，其他新兵只能去公共浴室。從陽台望出去能夠看見集合場，也可以通到相鄰的房間。

　　還記得準備把背包放進房間時，因為我們那間房還鎖著，有人鼓起勇氣敲了門，結果昨天那位大鬍子下士開門出來，瞪著每個人，就這樣叫我們在走廊站著，沒他的命令不准進房。我們在走廊等了不知道多久，直到排長過來詢問發生什麼事、為什麼我們不進去房間，這時下士才開門讓我們進去。我們房間的下士是所有士官中最嚴格的一名，他是以嚴屬著名的傘兵出身，新兵在房間裡直到晚上熄燈，都不能碰到床鋪，只能站著或是坐在板凳上學習。

　　時常我們會聽到「Couloir」，這個詞在法語裡是「走廊」的意思，一聽到這個詞就得馬上離開房間去走廊集合。絕大多數人礙於語言，完全聽不懂命令，我們就觀察少數懂法語的人，要去哪裡、要做什麼，如果要換衣服，就看他們換哪一套衣服，等他們拿衣服出來時，我們再馬上拿出一樣的換上。

　　新兵訓練為期四個月，我們在新兵訓練中心先待上一週，接著轉移陣地去野外訓練。在這裡我遇到了另一個台灣人新兵，他

已經新訓第三個月，即將結束下部隊，只可惜我們是在某次集合前兩支隊伍交錯時擦肩而過，僅說了幾句話，我就馬上去集合了。

「你是尼泊爾人嗎？」這是那位台灣同胞看到我的第一句話。「不是的，我是台灣人。」我如此回應，接著他以台語回我：「哩係台灣郎喔！」

這不是我唯一一次被誤認成尼泊爾人，連在餐廳排隊的時候，其他桌的尼泊爾人也不時地偷看我，露出一種似乎見到親人的神情，更甚者會直接用尼泊爾語對我說話。

在這裡，我還遇到了當時在巴黎募兵站填問卷時幫我翻譯過的中國人。這位中國戰友當時的假名為「潘」，他來自中國東北，身材頗為高大，粗壯的小腿讓他必須穿最大尺碼的黑色硬式軍靴，但是即使腳能放進去，鞋側面的扣帶也綁不起來。他曾經在國外留學，碩士畢業，說得一口流利英語，總是與說英語的外國人混在一起，與加拿大的哥們混得最好。

即使他們早我們一週先到了新訓中心，我們兩批仍一起進行新訓。我看到他還挺開心的，就問他這裡怎麼樣，他卻用法語告訴我：「這裡只能說法語。」

在卡斯泰爾諾達里的新訓中心。

新兵首道難關——農場

　　新兵訓練第一個月是傳統的野外實地訓練，離開卡斯泰爾諾達里，乘坐大型的軍用卡車兩個小時之後，到達了山中的小基地，這個我們稱之為農場（Ferme）的地方。

　　一抵達農場，舉目所見為一群新兵正背著行李繞著山丘奔跑，前陣子認識的中國人朗也在其中。不遠處站著負責監督的下士，看到他的第一個想法就是「好日子徹底結束了」。他的樣子像是電影裡頭的俄羅斯反派，生著一副似蛇的眼睛，青色花邊的瞳孔，個頭高大而且陰冷無情。

　　卡車熄火的那一刻，他對我們所有人大吼，意思要我們立刻下車，然後把行李丟下來，到旁邊的小建築排成一列。此時，前面梯次那些人也過來與我們一起集合。

　　農場的結構十分簡單，只有宿舍、廚房食堂和禁區軍官食堂，訓練場是由農場老倉庫改建而成，設有單槓和攀繩設備。

　　在農場訓練的過程是艱辛難熬的，我們曾在暴雨天繞著山丘上的火焰地標跑步，沒有人細數我們到底跑了多少圈、跑了多長

時間，雨勢之大連負責的俄羅斯蛇眼下士也在建築內躲雨。直到所有人都精疲力竭，開始放慢腳步用走的，反正身在狂風暴雨中，情況也不可能更糟了吧？事實證明，我錯了。那些混蛋下士，從屋內出來，手裡還端著熱騰騰的咖啡，命令我們所有人跪下，接著繞山坡爬行，在髒汙泥濘、遍地碎石中匍匐前進，如果有人耍小聰明避開泥地，到外圍略為乾淨的草地上爬行，馬上會得到幾腳軍靴，被踹去最多尖石頭的地方。

吃飯時間也並不輕鬆，得先在食堂前集合，拳頭頂地在小石子地上做伏地挺身，直到長官滿意了才能站起來。我們無視顫抖的雙手，拚命貼緊褲縫，保持一副最精實、有資格去餐廳吃飯的樣子，並且按照慣例，大聲背誦榮譽信條。

在食堂裡，必須等到所有人盛好餐盤，用餐前再唱首兵團的標誌性歌曲〈血腸〉（Le Boudin）★。首先每個人拿出鐵製的大杯子，把杯子裝水直至滿溢，再等一聲令下，必須一口氣一飲而盡，喝完之後把鐵杯高舉過頭倒過來，最後喝完的人等會得做伏地挺身。等到每個人喝完水，我們會用鋼杯敲擊桌面，接著開始唱歌，慷慨激昂唱完後，就會有長官連問三遍：「誰打算放棄？」所有人直視前方回答：「沒有人，長官！」

偶爾有可以午睡的時間，得在一分鐘之內脫掉滿是泥巴的衣服，鑽進溫暖的睡袋。叫人清醒的方式則簡單粗暴，下士叫一聲起床，還沒等我反應，就把我的折疊床直接推翻，我的臉部重擊在硬石地板，世界上實在沒有其他方法比這更快讓人醒來。每每遭遇，我會毫不遲疑地從睡袋裡狼狽且飛快地爬出來，立正站在床前。

▎農場所在之處，舉目所見都是荒郊野嶺，行軍幾公里才會看見一戶農戶。

　　　　　　　　　　　　前進或死亡

英國下士侯韋，是我們的值班士官，傘兵出身的他最大的習慣，就是從不讓人好過。不管是紀律上或是體能，他都以最高標準來要求我們，凡事做到完美，分毫不差。若是違抗他的命令，下場就會如同湯尼——我那最後被折磨到退出新訓的同梯夥伴。

　　侯韋下士是槍枝課程的示範者，為我們展示槍枝拆解，第一堂課學習如何分解一把槍再重新組裝。法國制式的法瑪斯（FAMAS）突擊步槍，於七〇年代開始成為法國軍隊及警察裝備的制式突擊槍，算是年代較久的步槍，精準射程三百米。第一代法瑪斯 F1，裝滿彈匣接近四公斤，槍身平衡，手握把恰好是槍身重心點，沒有像其他槍枝因前身太重，射擊時容易不穩往下掉的問題。組裝槍枝的過程看似不難，但是如果有人聽不懂並在執行時犯錯，犯錯者並不會受到處罰，而是懲罰他之外的所有人。正如他們說的，我們是個團體，同伴的錯就是所有人的錯，不能對身邊的同伴冷眼旁觀，得在他有難時，不惜一切幫助他，否則終究會苦了自己。更何況，有些錯誤得付出生命的代價。

　　接著是射擊動作的課程，先是簡單的正手持槍，接著背槍，必須練到一聽到指令，就能馬上做出動作，沒有任何遲疑。只要有人犯錯，所有人就得把槍高舉過頭，去山丘上繞火焰地標跑一圈，我們有接近五十個人，當天我們來回跑了不知道多少趟，手臂光是舉著槍就已經發麻，但是無論如何都不能放下槍，只能趁著長官沒注意，稍微放低，用頭頂著跑一會，等他看過來再趕快舉高。後來長官覺得舉槍跑步太輕鬆，就讓我們扛著拖拉機輪胎跑，看著那輪胎，只能暗自吞一口口水，上吧！

★ Le Boudin 原意是「血腸」，指的是困難條件下進行遠距離戰役時的輕便裝束，因外形貌似血腸而得名。這首軍歌中唱到的「膽小的比利時人」，原因來自普法戰爭時比利時國王為求中立，要求比利時人退出兵團、不得背「血腸」出征，其他兵團成員便以此為歌譴責比利時同袍。

等待我的，
是日復一日無止盡的訓練

在農場有屋頂遮風蔽雨的日子並沒有持續太久，起初還居住在室內，每個人有自己的折疊床、一個小櫃子，在床下放置行囊。白天訓練上課，晚上則整理內務，或是繼續訓練上課。其他時候，我們被趕到野外，大部分時間睡在樹叢中，有時睡在自己挖的戰壕裡頭。

整理內務時，整齊只是基本要務。檢查內容包含櫃子裡特定衣物的擺放是否正確：戰鬥服 T 恤及戰鬥襪摺疊好，在 T 恤裡面得套張 A4 紙，保持整齊弧度；運動服 T 恤及運動毛衣也須如此整理。除此之外，運動服的擺放也有規定，T 恤在上面，摺好後剛好露出背後的「Légion」字樣，運動毛衣則在其下剛好露出「Étrangère」字樣，合起來就是「Légion Étrangère」（外籍兵團）。運動襪一正一反相疊，正面運動襪在上，以三指寬開始摺，摺到後面再把反面襪翻過來套起，必須剛好露出腳踝部位的紅綠代表性條紋。

而代表法國外籍兵團的白色高頂軍帽，則須找個方盒，用藍色長腰帶正面環繞，兩側套入紅綠色護肩，最後再把白色高頂軍帽放在上面，白色高頂軍帽必須永保整潔。白色高頂軍帽以前曾是卡其色，但是在外籍兵團進軍撒哈拉沙漠的年代，原先卡其色的帽子因長時間行軍日曬而褪色變白，這段歷史也是後來外籍兵團採用白色高頂軍帽作為代表的原因。如果之後獲得勳章，可以鑲在白色高頂軍帽下、被藍色長腰帶裹著的盒子前，如此看來就會是乾淨整齊，也能凸顯其代表意義。

　初來乍到時，每個人按照長官示範，開始整理床頭的櫃子，依序摺好衣服，為了保持形狀，裡頭塞好 A4 紙，襪子、內褲也用兵團傳統方式整理。最終檢查前，每個人在床前立正，等待下士內務檢查，其標準是極盡吹毛求疵。沒有通過檢查的人，下士會

入伍一年又十個月後，我的白色高頂軍帽。在帽子裡頭放了家人的照片，底下藍色腰帶環繞的盒子前鑲著的每個勳章都是受過的訓練，右邊則放了在杜拜買的彩沙，左邊放了在非洲當地買的大象雕刻。這層櫃子每個人可以自己選擇如何擺放，通常新兵只有空空一片，唯有資深者能驕傲抬頭。

前進或死亡

直接把櫃子裡大半的東西翻到地上，更甚者還會把衣物丟出窗外，當時還是半夜！而且我們農場處於荒郊野嶺，密布的樹叢及溝渠，常導致東西一丟就是永遠不見。如果丟的是大物件軍品還算好找，但若是些小東西，細心包好的襪子、剛洗好的內褲被丟了，真不知道從何找起。只不過，與忍受上級語言羞辱相比起來，這也不是什麼大事。大家都長這麼大了，早就到了連父母都不再苛責的年紀，可在這裡就得忍受這樣讓另一個男人，近身拉著衣領、瞪著臉、指著鼻子大罵，卻不能吭一聲，只因為他有權力，讓我做任何事。

在農場期間，每天早上基本跑步十公里，再加上爬繩、拉單槓鍛鍊體能。我熱愛跑步，以前在台灣，每天跑步十公里不成問題，週末常常去各地參加路跑，馬拉松也不是什麼難事。

但是這裡的體能訓練，根本就是種折磨，什麼叫熱身？什麼是慢跑？什麼是循序漸進？那些是什麼？不知道。只有每天不停超越極限。訓練士官都是體能好手，而且每天負責的值班士官是輪班制，就算這天拚命帶我們訓練，隔天士官也可以休息，所以我們每天迎接的都是魔鬼訓練。

到農場一週之後，來了一位新的下士長，他原本負責另一隊的新訓，但因為把其中一名俄羅斯士兵打得頭破血流，事情鬧到連長那裡，於是被調到新兵農場來。對他這種服役十多年的人來說，新兵根本不是人，他認為的「人」是那些與他出生入死、共同出任務的夥伴。我們這些菜鳥，如果撐過新訓，就有機會到他那些兄弟身邊；如果我們在戰場上犯錯，就會導致他的兄弟們遭遇危險，因此他會用盡所能淘汰我們，讓我們體驗到何謂地獄。

他不像另一位羅馬尼亞大鬍子下士長一樣動不動就動手打人，他給的折磨更多是精神上的。即使他一副嘻皮笑臉，我們仍可以感覺到他的惡意，他常常想方設法玩弄人，神情卻總是滿不在乎。

有一次晚上，中國戰友趙雲正要去洗衣服，在這位下士長跟人講話時經過，下士長立即一把抓住他，二話不說揍了他幾拳，一手指著窗戶的方向，一手招著他的領口。當時沒人知道什麼意思，趙雲以為要把衣服全部丟出窗外，照做又被揍了幾拳，結果下士長把他推到窗口要他跳下去，當時我們在二樓。

幸好這時，羅馬尼亞籍下士貝古剛好過來，兩手打開擋在趙雲面前，才讓他逃過一劫。不過這位新來的下士長並不打算就此罷休，還是堅持要趙雲跳下去，他直接爬出窗外的鐵欄，說著：「我先跳給你看，你接著給我跳下來。」最後我們合力攔住了他，他真是位瘋子，渾身酒味，我想他當晚一定喝了不少酒。

吃不飽的日常

在新訓期間，尤其是第一個月的農場訓練，飲食並不豐盛，每天早上每個人能分到一點法國麵包、一小塊奶油，有時候是巧克力醬或是果醬。法國的法國麵包和台灣的法國麵包有著截然不同的口感，不知道到底存放了多久，硬度可比石頭，如果拿這麵包敲人的頭，肯定會痛得哇哇叫。

我們在農場訓練，身處荒郊野外，沒有太多食物來源，說實話這裡的伙食並不夠維持一個正常成年人整天消耗的熱量，況且我們還得承受大量訓練，因此絕大多數時候，都得忍受飢餓，也有弟兄在集合講話時，站著突然暈倒的情況發生。

在這種情況下，任何「食物」都變得格外珍貴，而且飢餓到了一定程度，來自文明的人，都可能變得很不文明，甚至從垃圾桶撿食物。對狗而言也不容易，總有人對狗虎視眈眈，並且有些人會對狗碗裡的食物動手。有次，下士長叫我們集合，在大家面前介紹了一條狗，鄭重表示這是他的狗，絕對不能吃牠，尤其中國人都被點名，「若是狗有個三長兩短，你們都是頭號嫌疑犯，

　　　　　　　　　　　　　　　前進或死亡

中間站立同袍手裡的綠色袋子中便是我們一餐的軍糧，包含一小份沙拉、一份洋芋片、一份肉醬、一小塊糕點和一瓶水。看似很多，但我就算吃兩份也不會飽。

準備一起陪葬吧！」下士長這樣威脅著。

　　印象中，有一位烏克蘭人在整天廚房打雜結束後，在垃圾桶找到一根過期而被長官丟棄的法國麵包——已經硬化得如石頭，貨真價實的「法棍」——直接就在大家面前吃了起來，不知道有多麼讓人羨慕。

　　在兵團裡，吃飯也是門學問，即使絕大多數人都吃不飽，但仍有些挑食的人，如果吃飯時坐在他們旁邊，當他們把自己喜歡的食物吃完，剩下的你或許能分一杯羹。還有一些基於宗教信仰而不吃牛肉的印度教徒、不食豬肉的穆斯林，都是吃飯時應該「關注」的對象。

　　有一天我們的午餐是豬肉香腸，我旁邊恰好坐了位突尼西亞人，理論上他是不吃豬肉的穆斯林，但是卻看到他大啖香腸，於是我問他：「這不是豬肉香腸嗎？你應該不能吃呀。」

　　他當時一臉正經回答：「這不是豬肉，是大象肉做的。」

　　我啞口無言，雖然當下有些不明其意，直到一段時間後才懂，他並不真的覺得那是大象肉香腸，而是在當時的情況下，他只能這樣說服自己。畢竟如果不吃，沒有足夠的熱量，他將難以挺過訓練。

　　在這裡沒有太多實在的信仰者，有些阿拉伯人飲酒吃肉，有些人信仰上帝卻仍然偷竊行騙，會幫助別人的人很少，尤其在困難關頭，個個都是泥菩薩過江，自身難保，患難見真情的場景少之又少。

　　因此，與其靠別人，不如依靠自己，因為你不會知道，出事時，到底誰與你兩肋插刀，誰又轉頭就跑。

懲罰式行軍，
直到有人倒下為止

　　某天，下士們突然衝到屋內，拿著湯匙敲打水壺，乒乒乓乓作響，大喊要所有人出去，我們一頭霧水，沒人知道到底發生什麼事。

　　外頭下著小雨，我們親愛的南非同伴站在排長旁，所有士官也在場，每個長官一臉嚴肅，而我們仍不知道發生何事。傘兵中士提姆褚率先發言：「服役十多年來，第一次遇到這種事，如果你們有誰想去上廁所，可以提報，基本我們都會讓你們去。但是剛才你們這位同袍，做了件難以想像的事。小便得在廁所，連我祖母都知道。我不知道你們是來自什麼落後國家，竟然敢在法國國旗下面小便？在場所有人都尊重國旗，我的很多同伴為了這面旗犧牲，為了法國犧牲，然後你們這群新兵膽敢褻瀆！」話才剛說完，另一下士長便狠狠往「肇事者」的腹部搗上幾拳，看起來很痛，但我們並不同情他。

　　排長沒有直接斥責我們，但是他對著士官們說：「你們看著

辦吧。」這時候不管我們再怎麼笨，也知道我們完蛋了。

所有人一聲令下全趴到地板上，看著肇事的南非同伴，邊伏地挺身邊大喊：「謝謝！南非人！」他看起來就像受了天大委屈的小媳婦，不發一語，因為這時候不管他怎麼做都沒辦法彌補過錯。犯錯就得付出代價，而且是所有人一起付出代價。他如此一尿，給了士官們一個絕佳機會來整頓我們，他們絕對不會手下留情。

體能懲罰是最輕鬆的，我內心真的希望能夠折磨到我身體極限，但是所有人都知道絕對不僅止於此。

新生士兵的房間都在二樓，總共有三個房間，每個房間排列十多張折疊床，床前擺列著衣服的小櫃子和我們所有的行李。下士把第二個房間的人叫出列，讓他們去樓上把第一個房間裡頭的所有東西丟出窗外，軍隊衣服、衛生用品，包括床，所有的一切。再讓第三個房間的人丟第二個房間的東西，以此類推。沒多久，窗外便是一片慘狀，刮鬍泡如同手雷爆炸，沐浴乳混合在衣服堆裡，我們每個人都有十多套冬夏軍服、典禮用的軍常服、兩套戶外訓練的防雨服、睡袋等等東西，無一倖免，全部被扔得亂七八糟。

接著好不容易，他們不想再以伏地挺身折磨我們，給我們兩分鐘找回自己的所有行李。只不過這根本是不可能的任務，先不說很多東西被砸壞了，所有衣服全混在一起，還有些沾上軍用迷彩膏或是刮鬍泡、沐浴乳，連找到自己的軍服都是不可能的事情，更何況牙刷等的小東西？

每個人只能盡量打包一份行李，在命令中整理行軍包，把東西全都帶上，穿上戰術背心，背起沉重的行軍包出發強行軍。

士官們都輕裝上陣，大吼著前進。那天雖說是「行軍」，事實上卻是半跑半行，絕大多數時間都是背著包拚命跑，在荒郊野外沒有人想要脫隊，即使筋疲力盡也只能努力跟上前面的腳步。大多數人都在心裡臭罵那個南非人，隨著腳步越來越沉重，圍毆他的念頭更是油然而生。士官說我們這趟行軍將結束在有人倒下的那一刻，否則他們不會善罷甘休。

　　由於出發時沒有太多時間作好準備，很多人連水都來不及帶，我也只有一瓶水壺的水，幾個小時後很快就見底了，這時考驗才真正開始。沒有吃的東西還不那麼嚴重，沒有水才是真的危險。

　　時間過得很慢，可是夜晚終究降臨，無盡的黑暗籠罩大地，微弱的星辰月光是少數的光源。我們不被允許使用手電筒及頭燈，在山野樹林中，沒有人清楚我們身在何處，更不知道漫漫長路的盡頭何時到達。黑壓壓的森林，再加上夜霧瀰漫，低頭得注意樹根張牙，抬頭得小心樹枝舞爪。

　　俄羅斯蛇眼下士時不時來踹一下我的背包，惡狠狠地瞪我，要我走路時抬高膝蓋，不要摩擦地面發出聲音，因為在晚上行軍，不被發現、隱蔽性是第一要務。

　　中途五分鐘休息的時候，大家累得直接躺在地上，我一躺下就進入了深層睡眠。如果休息時間可以長一點就好了，五分鐘彷彿曇花盛開般美好而短暫，而現實是如此悲慘。

　　最終我們走了一天一夜，懲罰性的行軍終止在戲劇性的一刻——肇事的南非同伴倒在地上，長官不讓其他人靠近。他身上已經披上了求生毯，金色那面朝外，避免他失溫，救護車在半小時後來到我們附近，將他送醫急救。

處罰，未完待續

次日清晨，天微微亮，經過一晚操練之後，再看著太陽緩緩從地平線升起，有種劫後餘生的情緒。

南非同伴被送醫後，讓我體會到在這裡並沒有所謂「真朋友」，昨天罵他最大聲的反而是那群常和他混在一起、說英語的人。什麼同袍情誼？哪怕是再好的朋友都可能在沒人道的連坐懲罰下決裂，發生這種事只會讓原本就不深厚的交情更加淡薄。

為了繼續處罰我們，下士命令新兵不得睡在室內，晚上訓練完之後，長官會隨意指個方向，可能是遠方一、兩公里處的樹林或是山頭，指到哪裡就讓我們在那過夜，不想再看到我們。

每天有不同士官們帶隊，基本上見到法國排長的時候也不多，後來他早上找不到我們，特地問下士長我們去了哪裡。「他們跟另外一個下士一起訓練啊！」下士長通常這樣說。

許多年之後，在退伍前夕，又遇見了當時帶我們的下士長時我才得知，原來當時排長不僅不知道我們晚上去了哪，如果排長又細問在哪裡訓練，下士長會隨口胡謅個地點。可是事實上，我

們已經在外頭行軍一整晚，而且沒有進食，等到早上繼續上戰術課。入夜後，再背著二十公斤重的行軍包，跟著下士指令行動，從晚上訓練到早晨，日復一日。

如果是真的放任我們不管，任憑我們自行睡在野外倒也不是壞事，但是這僅僅存在於美好的幻想。露宿野外時仍須三人一組，每組分到不同的角落休息，與其他組別保持一定距離。三個人輪流站哨，站哨者必須保持警戒狀態，觀察著一個固定方向，如果有人來就說暗號。當然我們也沒有手表，更沒有手機等等的計時工具，只能大約依照自己良心放哨，累了就把下一個人叫醒。

夜間不允許用燈，也不允許生火，不允許脫衣服鞋子，並得保持絕對的隱蔽。我們雖然有睡袋，但是也不能進到睡袋裡睡覺，最多只能把睡袋披在身上，找個隱密且稍微平整的地方休息。

保持不睡原本不是難事，但是在經歷一整天的訓練之後，就變得不那麼容易。整夜的戒備過程中，精神不能夠鬆懈，得保持清醒，在晚上站哨時打瞌睡是最嚴重的錯誤，因為所有人把生命交付在我手中，如果怠忽職守，而讓敵人有機會潛入，自己犧牲就算了，所有戰友也可能送命。

晚上偶有突擊檢查，下士們通常喜歡半夜兩、三點悄悄潛入，因為那是人類深層睡眠的時候，精神最放鬆，一被檢查到沒能在某人靠近時迅速說出暗號，那麼整個小隊都得受罰。有次輪到我睡覺，然後下士長來了，明明我沒有犯錯，而是站哨者犯了錯，可是我卻被踢了一腳，那一腳不巧踢在我胸前的法瑪斯步槍上，更惹得下士長震怒，以為我故意用槍去擋，直接又給了我一槍托，痛得我眼前一暗。不過我還算好，另外一組人，我的一位俄羅斯

室友，他的肋骨直接被一腳軍靴踹斷了，當場送醫，事後還得在醫務所說是自己不小心跌倒。

外籍兵團的體罰很出名，在這裡長官是神，輕易就能讓人生不如死。被打只是小事，我們都很耐打，最痛苦的莫過於不讓人睡覺。

經典的處罰方式是讓人大半夜去挖單兵戰壕，大功告成之後再把人埋進去，只露出一顆頭，這樣讓人在土裡待上幾個小時、甚至一個晚上，給人足夠的時間「反省」自己。有次我甚至戴著防毒面具挖戰壕直到日出，那鬼東西讓我根本沒辦法順利呼吸，感覺自己就像被迫挖礦的犯人。

有時懲罰是讓人去找些如同腦袋一樣大的石頭堆金字塔，每一顆石頭都得放好，調整好角度，如果底下的基石沒有打好，金字塔可能在最後一刻崩塌。而且就算真的做到長官的要求，他也會找盡理由讓人繼續加建金字塔，加大、加寬、加高，任何方式都可以，反正就是不讓人休息。

人生
第一個卡梅倫日

法國外籍兵團創建於一八三一年，而其富有傳奇色彩的歷史開始於一八六三年四月三十日的卡梅倫戰役（Bataille de Camerone）。當日，一支由六十二名士兵和三名軍官組成的步兵小隊在丹茹（Jean Danjou）上尉的帶領下巡邏，受到了兩千名墨西哥步兵和騎兵的猛烈進攻，並被圍困在卡梅倫莊園。巡邏隊在莊園中誓死抵抗，雖然面臨絕望的處境，但是他們依然頑強地戰鬥，在巨大劣勢下堅持了十多個小時，貫徹了「戰到最後一人」的戰鬥意志。

丹茹上尉在莊園的防守戰中受了致命傷，而其剩餘的部眾彈藥耗盡仍拒絕投降，與墨西哥軍隊展開了刺刀白刃格鬥，最終，五名士兵又有三人倒下。當墨西哥軍隊要求最後兩名士兵投降，他們則反過來要求墨西哥軍隊必須保證他們能舉著自己的軍旗、護送丹茹上尉的遺體平安返回駐地。面對這樣的情況，墨西哥軍隊的指揮官慨嘆道：「他們不是人類，是魔鬼。」並出於尊敬同

意了他們的條件。

「La vie plutôt que le courage abandonna ces soldats français le 30 avril 1863.」直譯過來就是：「慷慨戰死，勇氣未失，於一八六三年四月三十日。」為了紀念這起戰役，四月三十日成為外籍兵團最盛大的節日「卡梅倫日」。

為了這一天盛典，所有外籍兵團沒在任務中的軍人都必須參與，同時兵營開放親屬外賓進入參觀，場面盛大，有各式攤販販售紀念品及食物，都是部隊能拿得出手、最有特色的東西：西班牙海鮮飯、美國漢堡、墨西哥捲餅、法國可麗餅等等。還有為孩童而設的體驗項目：小型斯巴達障礙跑、打靶，價格低廉，基本上僅須付子彈費用就能過過乾癮，當個一日小軍人。

而我們每一個人，必須把軍禮服熨得平整、無一皺摺，還得燙出十三條直線，分別是胸前的六條直線，間距三點五公分；手臂兩旁分別兩條線，及背後三條線，間距五點三公分，精準至毫米。即使是早有經驗的人，也往往難以適應外籍兵團嚴格的燙衣標準，但在服役兩個月後，燙衣服這項技能被我練得是爐火純青，俄羅斯蛇眼下士還曾在檢查衣服時因而皺眉，因為找不出任何瑕疵，甚至找了其他下士來看我那件完美的襯衫。

兵團開放外賓這天，我們在典禮中身著閱兵禮服，一動也不動，聽著每一聲敬禮指令，直到典禮結束才能放鬆，開始兩人一組的自由活動時間。我跟馬達加斯加人唐一組，先去買了一大盒炸得酥脆的吉拿棒配熱巧克力醬，再去喝幾杯生啤酒，大快朵頤吃著披薩。

喝啤酒時又碰到了上次把我認成尼泊爾人的台灣人，原來他

曾在海龍蛙兵服役，還是台灣國手兼海龍的教官——海龍有拳、腿、摔三大教官，他負責摔技和地板技。他說：「這裡能夠學到許多國軍學不到的東西！像是很多戰術專長訓練，還有步槍、手槍交換射擊，這些連海龍都沒有，只有以前我跟涼山特勤隊一起受訓時才看過，但是在這裡，新訓就有了。」在異鄉碰上說中文的同鄉，無論是什麼話題，都能聊得津津有味。

擦槍的重要性

網路上，常常有人說國軍生活總是在擦裝備或是做雜務，但是這不是國軍專利，其實大部分的部隊都有類似的事情，法國外籍兵團也不例外。

每次射擊完回來，還沒能吃上飯，首先得把法瑪斯突擊步槍擦乾淨，而且擦一把法瑪斯，真的不是容易的事，新訓時每次晚上擦槍，沒有能在凌晨兩點以前結束的案例。那時我們還沒有辦法購買清槍工具包，因此沒有太多工具，只好撕衣服或是犧牲襪子，甚至是牙刷、樹枝或是形狀恰好的小石頭，使用所能利用的一切。

擦槍時，就算在靶場已經檢查過，槍口也絕對不能對人，因為誰都不知道槍身裡是否還有子彈，即便拿下彈夾，槍身也有可能早已上膛。所以擦槍第一件事，一定是對著空地先清槍，之後再進行分解。

擦槍必用的神器，非棉花棒莫屬。每每擦一次槍，都得用光幾包棉花棒。棉花棒的棉花，用來擦槍身縫隙裡的積碳、油汙與

▌看到桌上的擦槍神器了嗎？

槍上的灰塵，剩下的塑膠芯棒則有更重要的用途，我們得用來擦槍室旁的小縫隙，因為那裡是最會累積殘留物的地方。首先要用打火機燃燒塑膠棒，趁它融化時塞到充滿殘留物的小縫隙裡面，再等它變硬，黏住髒東西後取出。接著再度燃燒塑膠棒，不斷重複這個過程，直到整把槍一塵不染。真的，「一塵不染」。

當你覺得已擦到完美，可以讓長官檢查，但是一般來說，前幾次都不會過，他們總會在意想不到的地方找到髒汙，接著把髒汙塗抹在你的臉上。如果檢查數次都沒通過，那就會剝奪你睡眠的權利。

這些看似玩人的手段，在我看來，也確實是軍隊必要的一環。每次扣動扳機時發生的火藥爆炸，都會導致槍管內累積殘留物，這最終會導致故障和危險。這就是為什麼必須花時間定期清潔，維護槍枝確保其正常運作，避免使用上的安全問題。

把武器擦到發亮、永保整潔，有點偏執狂的念想，但也是為了讓武器能更好地被發揮、有更久的使用期限，畢竟槍到用時，沒有人希望發生故障。

為了白色高頂軍帽的
光榮之路

　　要正式成為外籍兵團的一員，得經歷第一個月的新兵戶外訓練，最後成功走完約六十公里的強行軍——又稱為白色高頂軍帽行軍（Marche Képi Blanc）。在此之前，即便是需要戴白色高頂軍帽的正式場合，我們也只能戴綠色貝雷帽，唯有挺過這場強行軍，才有資格戴上象徵外籍兵團的白色高頂軍帽。

　　出發之前，長官再三要求我們檢查行李，誰要是少了任何東西，所有人就得做伏地挺身，然後邊做伏地挺身，邊大喊「謝謝」及犯錯者的名字，直到他找到這項物品放進包裡為止。

　　為了確保每個人都有確實帶到所需物品，也確保我們的背包「夠沉重」，長官點名幾個人，去農場旁邊挖了一些沙土，用大塑膠瓶裝滿，發給那些少了東西的人。一百公升的軍包被塞到滿得不行，實在很重，至少超過二十公斤。所有人分兩隊走，行軍將持續兩天時間，是目前為止我們負重最重、距離最長的行軍，可是我們都很興奮，因為農場生活終於要告一段落。

▌戴上白色高頂軍帽（右五為本書作者）。

▌這張照片令我印象深刻，授勳儀式得先聽完上校的宣誓演講，再依照慣例
▌唱歌、喝紅酒……美食當前卻不能立即品嘗，我餓得連桌子都想吃了。

長途行軍最考驗意志，很難敘述出當下的感覺，真的是苦不堪言，但或許有一天我會懷念這與世隔絕的日子，也明知道終會到達，但是漫長過程中還是會懷疑人生好幾次。

我是誰？

我在這裡幹嘛？

為什麼我要背這麼重的背包？

我的家人、朋友們現在還好嗎？

沒有我的生活，他們還習慣嗎？

第一天上午沒作任何休息，直接就走到了中午，中途連長官停下小解的時間，我們都不能坐下。肩膀越來越感覺到撕裂般的難受，脖子也被槍背帶勒著，我們不能把槍背到兩側，必須在行軍時也保持警戒姿勢，以便隨時應變所有方位出現的情況。我們的精神不在沿途風光，行軍的速度很快，只能咬牙跟上前面的人，但是總有些人不斷掉隊，害得後面拖了一段距離，所有人都得小跑步。

大約在下午，一位法國人終於撐不下去了，當時我們都覺得長官對法國人特別寬容，在他哭著說真的走不下去之後，長官讓我們輪流背著他的包，而他則空裝行軍。

一個包已經讓人飽受折磨，何況兩個包，後背一個，前胸貼著一個，還得跟上行軍步伐，一下子就讓人筋疲力竭。雖說法國外籍兵團基本上都是外國人，但是也有少數法國人，說要報效自己國家，特地參加以嚴格精銳出名的外籍兵團。初衷是挺好的，

但是平日養尊處優的法國紳士，幾乎都會後悔。

好不容易走到了第一天的集合地點，第二隊已經到達一段時間，他們之中也有兩名傷員已經不良於行，走路姿勢都變了，可是依然背著自己的包。

第二天那兩位傷員因為腳傷退出，但是我們這組的法國人仍想要繼續。好吧，受傷身退能敬你是條漢子，但是因為疲累走不下去，加重隊友負擔，就有點讓人不爽了。

雖然能感覺到他並不想放棄，但他還是在第二天早晨，在山徑小路倒下失去意識。下士留在他身邊，撥打了求救電話，而我們其他人則隱身到樹叢之中，好不容易能坐下來。救護車半小時之後趕到，把他救上車，而其他人繼續我們未完成的路程。因為拖延了一些時間，所以帶頭的傘兵下士直接帶我們跑步趕路。

終於結束後，新訓隊伍少了六個人，他們都在這場白色高頂軍帽行軍中受傷，剩下的人則準備參與授勳儀式，終於能夠戴上兵團第四團的專屬徽章。

在行軍終點的小村莊裡，二戰紀念碑的石碑最下頭寫著：致那些為法國犧牲的人（Mort pour la France）。我們在將軍及各級長官，還有政府官員面前，所有人動作整齊一致，戴上白色高頂軍帽，同時大聲宣示「Legio Patria Nostra」這句源自拉丁語的誓言，代表著「兵團即祖國」，也把早已熟稔於心的榮譽信條★，喊得鏗鏘有力。

榮譽信條★

一、 兵團成員，你是一位以榮譽與忠誠來效命法國的志願者。

二、 每位兵團成員都是你的同袍，不論國籍、種族及教義。你將永遠展現出如一家人般的緊密團結。

三、 尊重傳統，敬愛長官。紀律和友誼是力量，勇氣和忠誠是美德。

四、 以身為兵團成員為榮。你的穿著，優美雅致；你的言行，雖謙猶尊；你的居室，永保整潔。

五、 菁英戰士，你必須嚴格地自我鍛鍊；保養武器如同你最珍貴的資產；永遠保持身體在最佳狀況。

六、 任務是神聖的，你必須執行到底。而且，在行動中，如果必要的話，付出你的生命。

七、 戰鬥時，行為不受激情及怨恨左右。尊重戰敗的敵人。不論是死去的同伴、受傷的同伴、以及所有的裝備，你絕不棄之不顧。

★ 此段翻譯的來源為小吳網站（http://www.ffl.info）。曾在法國外籍兵團服役的吳昱甫，是傳聞中第一位成功加入法國外籍兵團的台灣人。來法國前，我絕大多數的行前準備都是參考了他的網站，那裡有關於報名法國外籍兵團最完整的訊息，包括所有他回答網友的問題。這位前輩有著清華大學畢業的學歷，還是當時身價千萬的竹科新貴，卻選擇來到法國外籍兵團，最終在一次意外中不幸喪生。

庇里牛斯山的旅程

結束農場訓練後，法國排長告訴我們要去度假一週，目的地是著名的滑雪勝地：庇里牛斯山，外籍兵團特為新兵而設置的山地訓練中心。

三十多名新兵懷抱著難得的好心情上路了，軍隊巴士直接載我們往山上的基地，難得可以好好坐下休息，多數人都直接睡著了，打呼聲震耳欲聾，偶爾睡醒看著窗外惆悵半刻，又再度睡去。

雖然是滑雪勝地，可是來的季節不對，當時正是六月夏天，只剩下山頂仍有些殘雪。士官們竊竊私語，因為此地靠近西班牙與法國的邊界，在那附近有著名的窯子（成人娛樂中心），正在計畫著晚上偷偷租車前往，早上再趕回。他們也告訴我們這群新兵，這是逃兵的好時機，若是誰想要走，翻過幾座山就到西班牙，他們不會去找。不過看在同袍情誼分上，最好在逃兵之前留下書信或是口信，不然同袍得為你翻山越嶺，到處去找你。

夏季的滑雪小鎮並沒有太多遊客，巴士直接開進了部隊所屬的度假山莊，並由士官們安排好房間。值得一提的是，新兵房間

沒有一一搭配士官，如此一來，兵與兵，官與官，各自都可以稍微放鬆神經。

晚餐之後，所有人去山莊裡的小俱樂部，這裡的東西大部分都極為便宜，巧克力更是原價出售，一條不到一歐元，我們可以正大光明的在口袋裡裝滿巧克力，不會像在新訓營的時候，有人偷買巧克力而害所有人被體罰。

隔天清晨還是六點起床，依照命令，今天我們要去地洞探險。我們行軍前往地洞探險區，包裡只帶了一套換洗衣物、軍糧及水，此外沒有其他東西，這是第一次輕裝上陣。行軍過了一會，偶爾仍有閒心看看風景，眾人魚貫穿過峽谷，遠眺瀑布，不禁感嘆，大自然真是最好的藝術家。

在人造的小屋後頭，就是洞穴的入口，竟然別有洞天，誰也想不到這裡會存在著這副奇景，剛走進去就讓人讚嘆不已。棕色的石灰岩洞到處可見石筍、石柱，還有岩壁上的奇妙紋理，時而光滑柔順，時而崎嶇猙獰，歷經上萬年歲月雨水和地底河流沖刷，這就是鐘乳石形成的奇妙景色。

漸漸進入地下，有種很奇妙的感覺，洞穴通道一開始還算寬敞，後面就越來越狹窄、越來越難前進了，有些地方的積水已經淹到我的肩膀，儘管穿著防水靴，襪子還是全濕了。有些地方必須要四肢並用前進，甚至爬行來穿越兩片岩壁間的狹小縫隙，好幾次我的安全帽都撞到了石頭。

最後一段路，我們已經離出口很近了，等所有人到齊之後，教練讓我們看著前方幾十米的拐彎處，以那裡為目標點，接著熄燈摸黑前進，等五分鐘之後再開燈，看看有多少人能順利到達。

原本以為應該不是難事，但是熄燈之後，黑暗瞬間吞噬了我們，伸手不見五指，只能小心翼翼地前進，時不時碰到身旁的人或是岩壁，腳下河流的水聲與心跳的聲音，在狹小的洞穴裡反覆迴盪，這五分鐘過得十分漫長。

最後開燈的時候，才發覺我們根本前進不超過十米！當我們失去視覺，整個世界都陌生了起來，當下那種毛骨悚然的寂靜，足以把人逼瘋。

回去之後，晚上再次集合所有人，排長安排大家看電影，這禮拜每天晚上都會在教室播放電影，想看可以待著，不想看的人也可以回房，也可在附設的俱樂部飲酒，只要遵守不離開基地的基本原則。

在軍隊裡，常人眼裡一些微不足道、稀鬆平常的小事都能讓人感動，晚上能有一口熱飯、安穩地觀賞一部電影、啜飲一瓶冰涼啤酒，這些時刻都讓我心存感激，並希望世界另一頭愛我、等待我的人仍然安好。

新訓最後考驗，
一百二十公里行軍

　　經過四個月的訓練，所有外籍兵團的人在結束新訓前，還得接受一場長達一百二十公里的行軍考驗，為期三天兩夜。清晨天色微亮，從庇里牛斯山脈某處開始，這將是最殘酷的考驗，如果度過，即獲新生，夢想的生活就在不遠處。

　　大約下午四點，我們走到了預計紮營的地點，樹叢間沒有任何出奇之處，撥開擋路的枝幹進去其中，後方卻是一片平坦的林地，應該早有其他隊伍來過。今天到此算是可以休息了，儘管仍須站夜哨，但是我們人多，每個人只需要犧牲一小時睡眠。

　　第二天一早六點，哨兵喚醒所有人，一夜好眠之後，整個人都煥然一新，也只有在如此的疲勞下，才能有如此美好的感覺。相比前一天路線的山明水秀，今天我們行走於窮山惡水之間，遍地荒蕪、滿是黃土石塊的山坡時而高起，時而劇降。背上的重量使我頸背疼痛，汗水已經浸濕了衣物，而我對於這一切幾乎已要毫無知覺。有時想一想天，有時想一想地，有時還會想一想遠方

的親友，都能讓我稍微忘卻這痛苦，讓我持續前行。

　　第二天在一處隱蔽的山坡深處露營，往下方走十米就有河流，滿山遍野的野生栗子樹，地上到處可見栗子，這也讓我得到了一個教訓：拖鞋絕對是行軍必備品。當時已經安營紮寨，我脫下靴子赤腳而行，打算去河裡弄些水，走到一半我就後悔了，栗子殼上的尖刺猶如釘子，刺入腳底每一處嫩肉。起初我不以為意，因為極度疲勞，身體感覺還有些遲鈍，但是後來疼痛實在鑽心，痛得我是彎腰屈膝，幾乎連滾帶爬回到營地。

　　行軍到了最後一天，指定三個人負責背無線電台，分別是朗、羅馬尼亞的巴斯古和我，電台重達十公斤，每個人避之唯恐不及，但是我自願第一個背，在那一天我都沒有多吭一聲，更沒有要求換人，下午快結束時，中士問我：「為什麼你們一直沒換人？」我回答：「我仍可以背。」其實最後關頭我也很痛苦，但是我不想將重量加給戰友，朗是我在新訓時的好朋友，前段時間他的腳已經受過傷了，我自覺該替他分擔一些，畢竟我還年輕；而且我接過電台時，也把睡袋交給巴斯古保管，不然我的野戰背包拉鍊根本拉不上，算是稍微輕鬆了一點。

　　行軍結束，我們終於到達目的地的碉堡，我們在碉堡外的樹林紮營，那裡就是最終測試的場地。長官們都忙著準備期末測試，測試內容繁多，包括法國歷史、外籍兵團的歷史事件、武器使用及各項數據、無線電台使用；生化戰爭情況下如何運用防護裝備、安裝爆破裝置、點燃導線，還有地圖學常識、體能考驗等等。

山上行軍時，一位加拿大人倒下無法繼續行走，於是我們找了一根結實的樹幹，用網繩和腰帶綁著，把他扛下山。回到營區之後，大家脫下衣服，肩膀全是一片通紅，沒想到始作俑者搖晃起身，說道：「剛剛也太晃了吧，把我晃得很不舒服，你們這些搬運工不合格啊！」

我的第一志願

　　從最初募兵總站徵選的幾百人，開始新訓時四十五人，到最後順利結束新訓，我們只剩下二十五人。綜合成績排名，最後考試成績較好的人可以優先選擇下部隊的單位。

　　第一外籍騎兵團（1er REC）駐紮於卡碧尼昂（Carpiagne），靠近馬賽，是輕型裝甲作戰部隊，擅長機械化作戰，配有偵察型坦克 AMX-10 RCR 及裝甲車，主要任務為火力掩護、偵查及戰場突擊。目前有六個戰鬥中隊處於戰備狀態，外加一個後備中隊。

　　第一外籍工兵團（1er REG）駐紮於洛丹（Laudun），靠近亞維農的小城鎮，專長爆破及排雷，共有六個連隊，執行各種建築防禦和拆除任務（排雷、開闢通道、人道救援等），同時仍然保持步兵的戰鬥能力。

　　第二外籍工兵團（2e REG）位於聖克里斯托爾（Saint-Christol）渺無人煙的山中，營區離最近小鎮也有三十公里，擅長山地及雪地作戰，能在極端氣候條件下的山地地形中完成爆破及排雷等任務。每年至少兩次長期山訓，還有著名的特種山地單位 GCM，該

團還是法國外籍兵團裡最年輕的一團，於一九九九年成立。

第二外籍步兵團（2e REI）創建於一八四一年，是外籍兵團中最古老的兵團之一，自一九八三年以來一直駐紮在尼姆（Nîmes）。位於市中心，僅需步行十分鐘就能到火車站，以地理位置來說，屬於生活條件最好的。以步兵配合裝甲車為主，狙擊手為輔，擅長全地形作戰，經常被派駐海外。

第二外籍傘兵團（2e REP）駐紮在科西嘉島（Corse），是目前外籍兵團唯一的空降單位。第二傘兵團的每個戰鬥連都有各自的專長領域，如城鎮作戰、山地作戰、兩棲作戰、爆破和狙擊，以及沙漠作戰，並且各個連隊時常相互受訓，交流彼此的專業知識，強化其直接參與作戰的能力，並且能於二十四小時之內在全球任何角落展開干預行動。

第二外籍傘兵團是兵團裡最著名的單位，出名的艱苦，保持數種折磨新兵的傳統，令人聞風喪膽，以往只有表現最優秀的士兵才會被派到第二傘兵團。加入傘兵團後不是天堂，而是地獄的開端，近年來，這些傳聞也讓傘兵團少有志願者。

第三外籍步兵團（3e REI）駐紮於南美洲的圭亞那（Guyane），擅長叢林作戰，平常任務是保護殖民地、確保法國海外省分的主權，並負責圭亞那太空中心的安全。每次太空飛彈發射之前，第三外籍步兵團會於發射區周圍進行巡邏，以防止任何破壞性入侵。

第三外籍步兵團通常負責周圍保護作業及小規模部隊的維和行動，於加勒比海域保護法國的權益，並維護南美領域的戰略意義，打擊毒販和非法掏金。這些行動需要時刻處在亞馬遜叢林的極端環境中，因此該團實施熱帶雨林環境適應訓練，擁有自己的

赤道森林訓練中心（CEFE），也是國際公認的四個叢林特種作戰中心之一。

外籍兵團第十三半旅（13e DBLE），原先駐紮於東非吉布地，後來經過兩次搬遷，曾經駐紮於阿拉伯聯合大公國，現在駐紮在法國南法的小山區，一座名為拉卡瓦勒里（La Cavalerie）的小村莊，營區附近有數個射擊區，搬遷前曾是法國射擊訓練基地。

當時我想去傘兵團，除了嚮往冒險之外，高空跳傘訓練也讓我想挑戰自己的極限。我在所有人中排名第七，排在第七順位與高階長官面試，由他決定分發我們到哪一部隊。選擇志願時，我毫不猶豫地說了第二傘兵團。

當我說出第一志願時，面試官笑了一下：「這是好選擇。」並提醒我，我的成績雖然不錯，但是體能得加強，因為傘兵出了名辛苦，到了那裡好自為之。

西班牙人魯嘉則被法國排長選中，要讓他直接留在新兵連，做完培訓可以直升下士。他雖然是我們排上有名的天兵，但是體能確實沒話說，不過他本人並不願意，因為以後下部隊，這種直升的人，將不受待見。沒有受過部隊洗禮的人，會被視為投機取巧，到時候反而會被整回來。

但是新兵連也需要這些新任下士，補充新兵訓練人員的短缺。不知道該說運氣好還是不好，新訓時帶我們的只有一位俄羅斯下士是新任下士，其他都是資深下士，也就是是傘兵和步兵過來的一群變態。

很快的其他人被各自部隊的領隊帶回，只剩下我們傘兵志願的人，因為地理位置關係，我們得多留幾天等待坐船。新訓時的

▍穿上軍服,是另一種看這個世界的方式。

排長,在最後一刻過來與我們每一位要啟程前往傘兵團的人一一
握手敬禮。

　　「你們選擇了條艱難的路,記住是我訓練了你們四個月,你
們是最好的。在第二傘兵團,沒有人能獨自撐下去,必須要互相

幫助，身邊的同伴是你最堅強的後盾。」

傘兵團來的兩名長官，一位風度翩翩的葡萄牙中士，身高不太高，我們得稱他教官，他將負責教導我們跳傘。另一位俄羅斯下士，負責我們日常訓練，這幾天我們得把傘兵團團歌給學好，每個人抄寫歌詞十次，然後就待在房間不停合唱。下士來了幾次，矯正我們的音調和發音。

我們幾位要去傘兵團的人路過餐廳的時候，士官們紛紛說我們選擇了條不容易的路，但是那才是當兵。

待在總部這幾天，葡萄牙教官問我們：「你們的家人支持你們參加法國外籍兵團嗎？」輪到我的時候，我回答：「我的家人並不支持。」

他一笑置之，眼神轉而犀利無比，狠狠地直盯著我的雙眼：「你的家人現在正以你為榮，因為你們是法國外籍兵團成員，還是其中最精銳的外籍兵團傘兵（Légionnaire parachutiste）。」接著又問：「知道為什麼我們一個月賺兩千歐元，但是其他團才一千多嗎？」

「哦，因為我們跳傘？」其中一名新兵想了一下回答道。

「錯，那是因為我們能做的遠比他們多，所以我們值得更多。」

前往傘兵團

在馬賽搭船前，長官們特別給我們兩小時放風時間，這段時間我們被允許與女生交談，或是做任何想做且合法的事，但是活動範圍僅限在港口內。留下兩個人看管行李，接著傘兵團派來接我們的人就離開了，因為他們平常沒有在法國本土活動的機會，當然也要利用這幾個小時放鬆一下。

在部隊過了整整四個月幾乎慘無人道的生活，如今只要待在外頭吹吹風，都能感覺到自由。港口來來去去的遊客很多，大家都會不自覺地看向我們，我們身著燙得完美的米白色軍襯衫及灰色禮服長褲，頭戴白色高頂軍帽，直挺挺地站在港口旁，看起來就像瀟灑的海軍公子哥。

雖然是有限度的自由活動，但是許久沒與外界接觸，一切都是那麼的新鮮。期間輪到我看管行李時，我與一位葡萄牙女生聊了起來，直到教官與下士回來了，正好看見我在跟她講話，他們都很驚訝。事後中士教官就說，我是他遇過的新兵中最「強大」的，才剛結束新訓出軍營沒多久，就已經「把妹」成功。在他得知那

女生是葡萄牙人之後，更是驚訝！到了幾年後，他還是會在喝酒的時候提起這件事：「當年我帶的新兵 Hou 才結束新訓，都還不太會說法語，一行人在港口等坐船的時候，就已經認識了葡萄牙姑娘！」

在輪船上直至下船前，我們都是自由的，七個人分了兩間房間，與我同房的是墨西哥人與巴西人。另外一間房則是三名羅馬尼亞人和一名摩爾多瓦人，他們有著共通語言，都說著羅馬尼亞語。

晚上九點，我們所有人得再集合一次。與上級喝過幾杯啤酒後，按照傳統，我們把外籍兵團第四團的新訓團徽扔進大海，襯衫上暫時沒有了任何徽章，得等到我們真正成為傘兵，才能把空著的位置放上代表特種傘兵的傘徽。

集合解散之後，很久沒見過世面的我們，很快就大解放。我從輪船一樓桑拿房，逛到十樓俱樂部，再拿上啤酒，去甲板吹吹自由的風。

但是戰友們就厲害多了，隔天清晨八點輪船靠岸，我們準時集合，羅馬尼亞的幾位戰友明顯一晚沒睡，路過我們的幾名妙齡少女對他們流露出了絲絲情意。看來昨晚在房間裡相談甚歡啊！

Part 2

前進
科西嘉島

新兵跳傘預備

寬闊地中海中，傘兵團座落在名為卡爾維（Calvi）的城市，位於科西嘉島西岸。我們初到之時，正是天氣最熱的七月天，這裡有著迷人的天然細沙海灘，風光明媚，盡是好山好水，如此天堂般的景色，讓它被稱為「美麗之島」（l'île de beauté），也確實名符其實。

營區所在是個依山傍水的地方，當車子駛離山脈，逐漸接近卡爾維，我聽見槍砲聲大響，如同歡迎的樂曲。這裡是法國最精銳的部隊，而我們就要成為其中一員。早已明白這裡有許多不成文的傳統，暴力是家常便飯，新兵得忍受非人待遇的訓練，我也已經作好心理準備，在這裡，別想著自己還是普通人。

來到傘兵單位，所有人必須先通過兩週的專業跳傘培訓，由一路帶領我們前來的葡萄牙中士擔任跳傘教練。這兩週裡，我們會學到所有跳傘的必備技能與知識，傘訓期間將跳傘八次，包含一次夜間跳傘。法軍規定需要至少成功跳傘六次，才有資格擁有傘徽，成為一名合格的特種傘兵。

車駛進營區，新兵待的建築旁就是從飛機跳傘時落下的區域。一名皮膚黝黑的亞洲士官來到面前精神講話，他直直看著我們的眼睛，先從一邊開始，緩慢的走到每一個人面前。「你來自哪裡？」接著他用被詢問者的母語一一問候，與每個人有力地握完手，說道：「在這裡的第一年會很艱難，第二年開始會有些好轉，再之後會更好。既然你們選擇了參加傘兵，那麼請至少撐過一年。」

　　第一天，我們走了營區一圈，下士向我們大致介紹了主要建築物分布，餐廳、衛生所、彈藥庫和槍房，以及每個戰鬥連隊的位置等等。營區並不算太大，某些路段甚至沒有鋪好路面，仍是土黃色沙石路，每次集合去餐廳吃飯時，特意擦得黑亮的軍靴，回來之後又會抹上一層灰，得重新擦一遍鞋油，如果哪次不小心忘記了，穿著髒汙的靴子出現在長官面前，全體都會連坐受罰，因此每天至少得擦三次鞋。

　　隔天我們進行保險作業，傘兵的保險費用是部隊裡金額最高的，因為跳傘是高危險項目，常有人摔傷腿、摔傷膝蓋，受傷是家常便飯，一趟跳傘行動下來，如果機師沒有事先評估好落地位置、即時風速，造成十多人受傷都是時有所聞。

　　開始傘訓前，還需要買許多自費的裝備，如傘兵軍徽、帽徽、姓名名條、小刀、多功能工具鉗、軍用背包、水袋和戰術背心，還有清潔用品等等，這些消費加起來會超過四萬台幣。

　　我們也終於換上傘兵的帽徽，不同於外籍兵團其他單位的火焰標誌，傘兵帽徽是兵團裡與眾不同的存在——以帶著翅膀的強壯右手臂緊握著一把匕首為特色，翅膀使傘兵更符合人類飛翔於高空的幻想，而匕首則是第二次世界大戰以來，傘兵著

名的象徵性武器。

　　裝備完善之後，新的生活也隨之展開了。原先以為在這裡我們會被瘋狂虐待，畢竟這裡可是傳說中「新兵的夢魘」。但是事實並非如此，葡萄牙中士算是我見過的長官裡，相當友好的一位，另一位俄羅斯下士也還正常，至少沒有特意刁難我們的事情發生，除了每天早晚兩次體能課程讓人有點累，其他時間我們都相處愉快。在這裡，我們甚至可以午睡，下士看到我們坐在床上自習也不會管我們，不像在新訓營時，一整天都不允許坐下，有時候我累得只能靠著衣櫃支撐身體，晚上還經常不能好好睡覺。

　　晚上行軍時要唱第二傘兵團團歌，歌曲的旋律源自於二戰中最赫赫有名，也是公認最為精銳，但罪行多至天理難容、罪孽深重的一支軍隊：納粹親衛隊。此曲原名〈親衛隊在敵境前進〉，別名〈惡魔之歌〉，是德國納粹時期的一首隊伍進行曲，法西斯主義濃厚，歌詞內容主要是歌頌親衛隊的勇敢，以及對希特勒的絕對忠誠。原曲頭兩句便是：「親衛隊行於敵境，高頌惡魔之曲。」若是在德國使用原版的〈惡魔之歌〉將會觸犯德國刑法第八十六條第一款，可處三年以下監禁或是罰鍰。

　　二戰之後，許多流離失所的德國軍人加入了法國外籍兵團，並帶來大量的德國軍歌、他們的鐵血精神，以及不人道的傳統。除了團歌外，另外一首我們要在傘訓結束前學會的歌，是將在傘訓結訓典禮上走正步唱的歌〈西部森林〉（Westerwald），更是首全德語的軍歌。

　　在傘兵團，每個同袍都意志高昂，即使每天的課程很多，但是這些都是登上飛機跳傘前的必修課。作為傘兵，體能是一切的

基礎。這裡的體能要求是所有兵團裡最嚴格的，像是單槓二十下、徒手攀繩連續兩次且不能借助腿的力量、十二分鐘跑三千兩百公尺、武裝背十一公斤的背包在四十分鐘內完成八公里長跑等等。這十四天的傘訓課程很充實，我們從未停止訓練，為的是最後的期末體能考試，還有最重要的——正式跳傘。

▌跳傘說不怕是騙人的，但這份職業便是與恐懼為伍。

菜鳥傘兵三連跳

法軍降落傘主要有兩種，一是 EPC，二是 EPI。EPC 是較新的降落傘型，計畫逐漸取代服役了多年的 EPI。

EPI 是一九八〇年代初使用的個人跳傘裝備，服役年限即將結束。因為其承重上限僅一百三十公斤，對於現代傘兵來說過於有限，畢竟整套武器裝備、彈藥、戰備用品加上補給品，動輒五十公斤起跳，出任務時甚至能到八十公斤，加上傘兵本身的體重，超過一百三十公斤是常有的事情。

新型降落傘 EPC 降落傘面更大，限重到達一百六十五公斤。新型降落傘有兩個手動拉環，左邊的拉環拉下後能讓傘兵往左旋轉，反之亦然。不被氣團和風向影響，在十秒內能夠轉向一百八十度，讓傘兵可以順著風向著地並向前翻滾，降低落地時的風險，最大程度避免意外發生。

傘兵的降落傘與一般跳傘運動大不相同，有著不同的設計原理。傘兵的作用是敵後跳傘快速作戰，在空中逗留的時間等同於敵人的活靶，停留時間越長越是危險，所以必須快速降落，得承

受巨大的落地衝擊力，所以並不是每個人都適合跳傘，更別說當傘兵。法軍降落傘上有四個開口，我們說是四扇窗戶，這個設計是為了讓空降部隊更快降落。在這裡簡單說一下，有種說法是〈日內瓦公約〉規定不得攻擊因墜機跳傘的飛行員，這點是沒錯；但是裡頭也說了，空降部隊並不受其條約保護。

簽完保險後才過三天，這時候我來傘兵團還不到一週時間，但是這天我將永遠記得──人生第一次正式跳傘。

在第二外籍傘兵團，第一跳是所謂的「裸跳」，不是說要脫光衣服，而是除了降落傘之外沒有額外的負重，但是別開心得太早，光降落傘就已經重達二十公斤。第一次跳傘，按照傳統，最年輕和最年長的先跳，分別在飛機的左右兩個艙門。身為最年輕的學員，當時我才滿二十歲不到一個月，這就是我的成年禮。

上飛機前，我們一群新兵在傘兵等待區域排好隊伍，再按照跳傘的順序領降落傘，先拿背上的主傘，再來是腹部的緊急傘，領完降落傘後，跟後方的人報數。之後回到等待區域，等待戴上降落傘的指令：「全員戴頭盔，開始著裝。」

順利穿戴好降落傘裝備之後，等待飛機來的過程無比緩慢，在軍隊做任何事都得提前準備，中午要跳傘，早上八點就已定位。因為身上還有降落傘的重量，長官讓我們就地坐下。傘兵們兩兩背靠背坐下，連成兩列，降落傘頂著降落傘。

部隊很重視安全性，總共會有三次檢查：首先在地面上有一次檢查，接著是在上飛機前，然後在飛機上還有一次。不管什麼官階，就算是軍官、就算是跳過幾百次的資深老士官，都會有教官檢查傘具的所有情況。檢查的順序與穿戴時一樣，從頭盔檢查

起，教官狠狠地把頭盔往上拉，以確保在跳傘過程中頭盔不會輕易掉落，這不只是為了保護這名傘兵本身，也是保護地面的人，試想如果從三百米高空掉落一個鋼盔，無異於一顆迫擊砲，萬一砸到人，後果不堪設想。

檢查傘具時，教官檢查得更加詳細，不僅僅是用眼睛看，要用手觸摸確認無異，甚至還得敲。最後傘兵們做著飛翔的姿勢，兩手打開，讓教官檢查背部，直到教官拍傘示意檢查完成，傘兵才能上飛機。

登上飛機之前，飛機上的空降教官負責清點人數，再來就是登機檢查，在艙門口前，又把每個人身上的傘具、裝備檢查一次。這裡要提到一點，檢查完上飛機的時候不是直接進去就坐，而是在你踏上艙門時，前面的人會拉你一把，接著你也得拉後面的人一把，因為艙門放下來之後，與地面仍有一段不小的高度差，在身上帶有裝備袋及前後兩個降落傘時，那一步是很難跨上的。

機艙內部空間不大，兩排側壁式折疊座椅，後背是方格網狀的椅帶。位子非常擁擠，坐下後幾乎難以動彈，所以坐下前得先拿好安全帶，如果坐下前沒先拿好，下一位傘兵緊接而來，坐下了不只摸不到安全帶，也很難起身，還可能拖累登機進度。

在機艙中，起飛前的等待過得很快，這時候我試著讓自己保持平靜，畢竟我坐在離艙門不到三米處，原先我還不太情願每個月付保險費，如今想來保得仍是不夠，畢竟我這條命如果沒了，那也是唯一能給家人的一點心意了。

葡萄牙中士是飛機上的空降教官之一，即使在飛機上仍是不改幽默，「機艙裡非常燥熱，但是外頭非常涼爽，你們已經迫不

及待要跳了吧。嘿！Hou，第一次在飛機上，你在害怕嗎？」他看著臉色沉重的我說道。

「不會，長官！」話雖如此，但我內心何止是害怕？都抱著一顆壯士一去不復返的心了。更貼切地說，是既期待又怕受傷害。

他笑得很燦爛說：「其實我也害怕，等下記住這幾天所學，做好應該做的，一切都會沒事。」

當飛機飛到指定高度，空降教官們打開艙門，地面塔台提供即時風速。

「解開安全帶，自動開傘帶上纜索。」

教官右手握拳，向拳頭吹一口氣，接著比出四根手指，代表即時風速為每秒四公尺。

在海岸上空繞飛一圈，葡萄牙教官向我做了個往前的信號，我一手抓住我的傘帶，同時往前踏出左腳，腳踝順勢一轉，已經到了艙門前，兩手抵著艙門。狂風迎面，飛機飛得不算平穩，我隨時會掉下去，這時候我真的要暈了，勇氣與恐懼奇妙地達到平衡。

從飛機上俯瞰大海與群山，我該如何描寫當下的感動？我在山水間繞行，飛到海面上時甚至能感受到海水的味道；飛到高山時，能感到山地的厚實，而那感覺竟是如此地親近。

為了確認跳傘區位置，抑或是機長想給我這個第一次跳傘的菜鳥來個深刻回憶，我們在科西嘉島上空至少徘徊了三圈，感覺至少過了數十分鐘，就這樣抵著飛機艙門，直到信號燈大響，變成綠色，伴隨三聲「GO！GO！GO！」這時葡萄牙教官在我的背傘重拍了一下。

接收到信號，我毫不遲疑，動作如同閃電般跳出機艙，地心引力把我直接往下拉，我縮緊肩膀，同時用法語數了三聲「331、332、333」，數完三聲之後降落傘開了。

雖然是第一次跳傘，但我遵守傘訓時所學到的技巧，降落的過程還算順利，離地接近五十米時得做好降落姿勢，膝蓋微微放鬆彎曲，不可繃直；手握在降落傘肩帶上，接近地面時，往風的方向拉動降落傘正面把手，理論上如果正確操作這動作，能夠減少每秒鐘三公尺的風速，但是如果拉錯方向，速度則會再疊加每秒鐘六公尺。

落地的瞬間速度非常快，衝擊力比我想像中大多了，什麼護身倒法根本不可能成功，不過風很自然地把我往旁邊吹倒，在屁股落地後，我整個人轉了一圈，躺在地上呻吟了兩秒鐘，只感覺屁股好痛，稍微移動之後發現我的四肢仍可以動，趕緊收拾降落傘，往兩公里外的集結點跑去。

天空密布烏雲，我負重跑往集合點，即使天降微雨，身體卻仍燥熱無比，心臟彷彿妄想離開胸腔，第一次跳傘的感覺實在痛快。

交完降落傘主傘之後，我們保留沒打開的副傘，上卡車迅速前往機場，準備人生第二跳。第二跳有別於第一跳，因為這次我們得帶上裝滿了的野戰背包，而且這次必須開副傘，也就是緊急用傘，為了確保在緊急情況下順利使用副傘，我們必須提前練習，以免狀況來時手忙腳亂。

練習果然有其必要，第二跳在半空時，我的降落傘與墨西哥戰友的傘差點纏上，像這種在空中太靠近對方的時候，不能輕易

打開副傘，必須先遠離對方之後再開。

「別靠過來！」我們兩個朝著對方大喊，可是慢了，對方已經漸漸靠近，這時候我們必須拉肩帶兩側的把手，先把自己轉到正面面對對方，這樣我們才會慢慢遠離彼此。

拉開副傘之後，必須瘋狂地拉動傘繩，讓降落傘快速吃氣張開，當下明顯感覺到下降速度慢了不少，等到離地接近五十米，看看下方若沒其他人，先把包丟下去。等包落地之後約一秒，換我！蹦！這次是我所有跳傘經驗裡落地最為美好的一次，多虧開了副傘，在兩個降落傘同時打開的情況下，雖然速度還是快，但是衝擊力道明顯下降。

落地之後先卸下副傘，再去找自己的野戰背包，把槍從保護套裡取出來，再把降落傘收好塞進傘包，邊擠出空氣，邊用手拍打，用全身力量擠壓著降落傘，試著把兩邊魔鬼氈好好黏上，讓降落傘至少在行動過程中不會散開。

收拾好降落傘，整理好野戰背包的繩子之後，先背好背傘，前面扣上副傘，野戰背包則甩到頭後方扛著，慣用手拿槍，以便必要時能夠隨時出槍。接著用力衝刺，因為集合最後一名要請喝酒！這時，我邊跑邊想到當初在參軍時，面試的長官曾經問過我：「你想去傘兵，但是你能背著五十公斤跑步嗎？」當時覺得他說笑呢！誰會背那麼重跑步啊？如今才知道他並不是開玩笑。

緊接著第三次跳傘，這次是正常跳傘，除非緊急情況，否則不能開副傘。在降落傘下看這個世界，陽光、大海、雨後的天空，此時的地中海蔚藍如畫，卡爾維的海灣美極了，即使下降過程飛快，僅能從空中匆匆看一眼，但我們仍是有幸的過客。

從傘兵營區出發，沿著海岸線走上幾公里，科西嘉島無處不是風景；趁年輕在這裡過上一段日子，身心都會留下些東西。有時候感到不幸福，也許是因為計較太多，而在珍惜眼前、靜下心來之後，世界真的更美好了！這段與世無爭的日子裡，我想這便是我最大的收穫。

前進或死亡

墜落黑暗大海的石子

經歷前三跳之後,第四跳、第五跳也順利結束。

直到第六跳,是挑戰性較高的夜間跳傘。我們與傘降突擊隊 (GCP)搭同一架飛機,從卡爾維聖凱瑟琳機場起飛,飛機到達四千米高空時,這群帶著各式各樣重裝武器、全副武裝的特種部隊,一個接著一個跳下去;飛機再將我們載至巴斯提亞(Bastia)。

我們的跳傘降落區位於巴斯提亞郊區,旁邊不到百米就是科西嘉島的博爾戈監獄,裡頭關著許多窮凶惡極的罪犯,畢竟科西嘉島歷代以來就是罪犯的放逐之地。曾有傘兵不幸降落於監獄內的先例,那人險些被犯人群起而攻之,對於罪犯來說我們全身是寶,不僅要槍有槍,要刀有刀,甚至還有錢、有菸呢!最後在憲兵的陪同下,那名傘兵才順利走出監獄。

對傘兵來說,第一次的夜間跳傘最讓人緊張,搭機時所有人都一臉緊繃,不知道是誰為了緩解緊張先開了頭,接著所有人在飛機上歡呼,然後又是一陣長長的靜默,沒有人再有任何聲響。可能大家都在想一些能讓自己勇敢的事、一些美好的事,或者什

麼都沒想，只想著先跨出左腳，順勢往飛機外一跳，壓在肩膀上的五十公斤重擔終於徹底地解脫，等降落傘打開，我們就不需要再承受，因為降落傘給了我們飛翔的翅膀。

艙外一片漆黑，監獄的閃爍燈光是我們夜間的指引，那晚的風速為每秒五公尺，已經是快要不能跳傘的臨界風速，越是這種情況，越要冷靜沉著。很多跳傘事故都在夜間，因為能見度低，還有夜間風向多變，風向不穩定很容易使兩傘相撞相纏；地面距離也難以評估，著陸時難以避開障礙物，只能在丟下野戰背包之後，等聽到背包的落地聲，才知道我們即將落地。落地之後快速取槍收傘，以指南針辨位，前往集合地點。

夜間跳傘更是時時刻刻與恐懼為伍，但我不願任其支配，只得相信自己，深信自己比我所熟知的更加堅強。在艙門開啟之後，我便在內心狂喊著故鄉，透過呼喊故鄉的名讓自己勇敢起來，試著在搖擺不定的飛機裡頭，以一顆小石子義無反顧投身墜落黑暗大海的姿態，在跳下那一刻激盪出堅強。只要我仍活著的一天，便不會忘記這個時刻，勇氣絕不會枯竭。

那是一個渾身畫滿迷彩的夜晚，皮膚深沉不會反映月亮的光，看不見的狂風四面八方襲來，降落傘背著我搖盪於夜空，心臟狂跳後逐漸趨於平靜。應聲落地重擊，而我勇敢前行，激動且堅定。

喝吧！傘訓傳統

在傘兵團有許多不成文的傳統，其中一個，便是在結束傘訓那一天，戴上榮耀的兵團傘徽時，我們會集體出城，穿著整齊的軍常服，頭戴白色高頂軍帽，與傘訓的中士教官和兩位下士班長一起到餐廳用餐，舉辦正式成為傘兵的慶功宴，然後在一天將結束前，傘訓結訓的第一名將與一位特殊工作者共度良宵，而且由同梯傘訓其他人負責付款。這名特殊工作者確實有其特殊之處，不過也不是什麼大問題，因為她已芳齡六十有五。

無論如何，這依舊是我難忘的一天。我們一行人由軍隊車輛接送至卡爾維市中心，正值旅遊旺季，這時的卡爾維好不熱鬧，路上滿是來此度假的遊客，這是座依水而生的城市，每至夏日，聚集全世界慕名而來的人。

我們到了一家科西嘉傳統餐廳，餐廳內還挺熱鬧，遊客們多穿著海灘裝扮顯得很愜意。餐廳的女服務生熱情打招呼，空氣裡瀰漫著酒與烤肉的味道，長官們與女服務生熟識般地互相親吻臉頰，平時嚴肅的軍人顯得風度翩翩，我們都感染上輕鬆的氣氛。

在喝完餐前酒後，我點了一道煙燻乾肉作為前菜，煙燻乾肉配上山羊乳酪特別美味，好久沒有品嘗美食的我們忍不住大快朵頤。等到每個人用完前菜，服務生會一同上主菜，主菜我選的是橄欖燉牛肉佐薯條。長官們說著許多戰爭故事，我們喝的酒也越來越多，每個同梯夥伴輪番搶著付酒錢。到了最後的甜點，我特地選了一道蘭姆酒火燒香蕉，雖然剛入口時過重的酒味不是很合我的胃口，但是越吃卻越讓人欲罷不能。

為了有個愉快難忘的夜晚，長官們有意識地灌我們喝酒，畢竟審美觀與喝下的酒精成反比，我們確實需要酒精。用完餐後，我們又喝了幾輪酒，才依依不捨地離開餐廳，漫步於港口旁的小街道。

「哈囉，可以跟你們一起合照嗎？」幾名妙齡少女來到我們身旁說道。我們很快地欣然同意，照相時女孩們還戴著我們的白帽子，顯得特別開心，但是我們沒有停留。

這樣漫步在卡爾維，城市裡的燈紅酒綠並不屬於我們，天亮之後，我們還是得回到軍營。我們不是誰的王子，或許像灰姑娘更多一些，午夜之後，就不再有南瓜馬車接送，不再有閃閃動人的禮服，魔法很快就會失效。

最後我們來到一處隱蔽的酒吧，一別外頭熱鬧的街，除了我們沒有任何客人，葡萄牙長官似乎很是熟門熟路，馬上就與一名豐腴的女子擁吻。後來又出來了幾名女子，年齡估計多與我母親相當，當下我清醒了幾分。

傘訓第一名的東歐人玩得很是開心，一會兒開懷跳舞，一會兒左擁右抱喝交杯酒，而我卻獨坐於沙發角落，心想怎麼樣能不

▌穿著整齊的軍常服到餐廳用餐。

讓人注意，並與牆壁融為一體。葡萄牙長官看我放不開，強制命令我親吻其中一位女士，那是我入伍後第一次抗命，他們都笑我，而女士顯得不太開心。

　　我曾以為這個傳統只是長官諸多玩笑之一，然而並非如此。這名六十有五的女士，身材還是不錯的，表面上年紀看起來沒有那麼大，可能多虧了臉上的濃妝，或是當時酒吧燈光的昏黃。傘訓的第一名來自摩爾多瓦，他得到與這名女士共度良宵的機會，他們進屋後的細節我並不清楚，在此不便贅述，只知道事後我們問起，那個男生笑得很甜。

偵查支援連
基礎培訓

　　傘訓結束後，我被分發到了 CEA（Compagnie d'Eclairage et d'Appui），中文直譯為「偵查支援連」，或可稱為「重型火力連」，在傘兵裡屬於較特殊的一連，傘降突擊隊這支特種單位也在我們連隊的配置裡。連上配有其他空降單位少見的大火力武器，例如幾挺重型狙擊槍、重型機槍、反坦克導彈、迫擊砲等等。下連隊後，接著開始為期一個多月的基礎培訓。

　　這一個月培訓強度比新訓更大，頭一週是兩棲訓練，接著是一週半山地訓練、一週射擊，結訓則是長距離負重跑加上兩日行軍，外加直升機空運戰訓練。最初我們住在沙灘上，弄了個小帳篷，帶我們的士官全是連上的老士官，兩名服役超過五年的下士與我們二十四小時待在一起。我們受訓的新進傘兵有八名，除了一位先前因打架沒完成培訓的俄羅斯人，其他都是與我一起從新訓到現在的同伴，相處接近五個月的服役期。

　　在這裡做錯事我們會稱為「banane」，沒錯就是香蕉的意

思，聽到「你做香蕉了」就表示犯錯了。經常犯錯的人稱為「bananier」，被說是香蕉樹，除了不好聽之外，這種人往往是第一個被整到逃兵的對象。「在這裡連一點小錯都不能犯，因為長官們眼睛裡容不下一粒沙子，且毫無同情心，一點小錯就可能三天不讓睡覺。」那大我們兩期的俄羅斯人說道。

「那我們會有週末外出嗎？」

「這兩個月內不可能外出，之後就有機會了。大概服役到八個月左右，平常週末沒事，不安排站哨或訓練的時候就可以外出。」

這兩週負責培訓我們的其中一位下士專長為戰爭急救，來自波蘭，有著斯拉夫人特有的粗獷性格，平常喜歡喝烈酒、吃科西嘉島的乾香腸配乳酪。雖然外表粗獷，但是一旦發揮醫療專長，就可以看出他是體大心細的人。「隨時作好準備鋸掉你們的腿！」這是他的口頭禪。

另一位即將退伍的下士，他是團裡的拳擊羽量級冠軍，也是當時下士訓排名第一名——下士訓是所有部隊一同受訓，而通常傘兵都能包辦前三名——我們將是他最後訓練的士兵。直到他退伍，我都沒有看過他臉上的笑容，他也很討厭笑臉，如果有人朝他微笑，換來的會是肚子被揍。基本上這裡是打人不打臉的，但是我也有遇過幾次「意外」就是了。雖然我們要以微笑去面對困難，但是在他面前最好不要。

以前在新訓時，我的微笑連俄羅斯士官都很欣賞，甚至把我特地叫出來表揚過；但是在這裡，連微笑都得小心翼翼，笑容可能被認為不尊重紀律，或是操練還不夠辛苦。

簡易防雨布做的帳篷。一般野外訓練,在指定區域內,兩三人自己搞定一個窩。

　　我唯一一次看到這位下士的笑容,是在他房間,他突然單獨叫我進去。進去之後發現雜物堆滿一地,他說他即將退役,讓我看看有沒有什麼需要的東西。我選了一件短褲跟皮帶,他收了一百歐,不得不說,這是我第一次也是最後一次,看見他如此純真的笑臉。

　　當時在偵查支援連,有一位服役很久的中國人,第一次與他見面是在連隊的露天俱樂部,那時我們正好跑完步回來,有名英國長官突然對我說:「嘿,你是中國人嗎?去跟吳打個招呼吧!」

最初我們全用法語交談，然後吳哥爽朗地笑了笑說：「你法語不錯啊！但是我們可以說中文。」

事後，與我一同受訓的俄羅斯人告訴我：「剛剛跟你對話的人是 GCP 傘降突擊隊的。」

吳鑫磊，他是第一位入選特種部隊 GCP 傘降突擊隊的華人，前無古人，後不知能否有來者。他是在外籍兵團華人裡頭唯一徹底讓我服氣的人，雖然我們同連，但是他們單位特殊，我們當時住在一樓，GCP 就住在我們樓上。

吳哥過了兩天主動找上我，特地把手機借給我打電話回家報平安，當時真的特別感謝他。這是來到法國半年之後第二次聯絡家裡，第一次是在新訓營，在吃完飯後僅有的三十分鐘自由時間，去公共電話亭排隊。那時候，家人已經幾個月沒有我的任何消息，而且還有時差，這裡的晚餐時間，台灣已是半夜。因為大家都是許久沒跟家裡聯絡，所以每個新兵總是特別多話，很多次還沒輪到我就得集合了。

激動地接下手機撥通電話號碼後，電話那頭傳來媽媽哽咽的聲音及問候，我的思鄉之情一湧而上。回想起傘訓期間，幾乎每天作著惡夢，嚴格說起來也不能算是惡夢，如果是家鄉的場景，惡夢也成美夢。我實在太想念家了。在福利社，我最愛的東西不是巧克力，而是許多的明信片，閒暇之餘，我總會寫明信片，每張都寫得滿到不能再滿。雖然不知道什麼時候能夠去寄，但是透過書寫，就有種它們終會替我回家的感覺。

基礎培訓的最後一星期是綜合體能測驗，我們得穿著戰鬥服、戴頭盔游泳。一跳水之後，直接潛泳十五公尺，接著自由泳一百

公尺，據說這是模擬跳傘落在大海的情況，得通過這個測試，才有能耐活下去。

在山上的戶外射擊場打靶三天，每天都打超過五百發子彈。包括口徑 12.7mm 白朗寧 M2 重機槍（台灣俗稱五〇機槍）、7.62mm 口徑的 MAG-58 通用機槍、AANF1 式 7.62mm 通用機槍、5.56mm 口徑 Minimi 傘兵型輕機槍、FR-F2 狙擊步槍、AT4 反坦克火箭筒、手槍，還有法瑪斯突擊步槍等等。

射擊測驗結束之後，長官不讓我們上卡車，所有人只能拚命追著卡車跑，好不容易回到營區，長官又下令我們扛著一挺重機槍、通用機槍、無線電、十二公升的水缸等，直接跑上對面的山頭，要求我們在那裡度過一個晚上。在我們一切準備好，搭好防雨布時，無線電又傳來命令，要求所有人十分鐘之內跑下山……這樣不人道的操練，對我們來說只是家常便飯。

晚上睡覺時沒有睡袋，大家像一群企鵝擠在一起蓋著防雨布取暖，每人還得站哨兩個小時。那段期間長官很常使用暴力，荷蘭長官莫斯奇有次直接拿鐵椅子往我臉上砸，因為被揍得太頻繁，說實話，除了憤怒之外幾乎沒有其他感覺。

雖然在當下我們的精神接近崩潰了，但當我們覺得自己已經堅持不住時，那並不是最後的時刻。軍隊裡教會我們，每當要堅持不下去，就把腦袋裡的螺絲再轉緊，重整腦子裡的情緒，跳脫當下的場景，有時候甚至會覺得自己苦苦掙扎的樣子有趣極了！因此就算感到萬劫不復，也可以找到出口，痛苦終將結束，明天還很美好。

寄人籬下

　　培訓結束之後，我們同梯一行七個人被分發到不同的戰鬥排，我與墨西哥戰友老夏、義大利與羅馬尼亞混血戰友厄梅立去了反坦克排，但由於當時反坦克排正在任務期間，我們就暫時與狙擊排共同訓練。

　　待在狙擊排的一個多月時間，我們幾名新兵相依為命。基礎培訓時幾個喜歡打人的下士都是狙擊排的，他們很多人以此為樂，甚至週五還有拳擊酒精趴，喝了酒之後，兩兩對打，說是試試看你有多少斤兩。可是人家是長官，你敢打嗎？而且折磨新兵不需要理由，我常常莫名其妙被針對。

　　「中國人，眼睛給我打開。」長官用手做出撐開眼睛的動作，接著命令我在走廊上爬，有長官故意把酒瓶打破在地，還有人往我身上潑水、丟煙蒂，再來就是晚上不讓人睡覺。

　　直到反坦克排任務結束回到科西嘉島，我們三個人終於不用再寄人籬下。但是我們也還全然不知，等待我們的會是什麼？

　　狙擊排的下士們幸災樂禍地跟我們說：「你們的好日子結束了。」當時我們聽說反坦克排的現任排長是出了名的恐怖，而在

他手下的下士個個嚴肅，但是對於那時的我來說，我只覺得再怎麼糟糕，能有你們狙擊排糟糕嗎？

　　反坦克排的人終於回來了，我們就要搬到這個大家庭，在他們任務期間，反坦克排的房間全部鎖著，現在我們就要正式回歸。這時他們還對我們一無所知，因此在搬完家之後，我們要面見排長、副排長，以及中士、下士們，為的就是貫徹傘兵自我介紹的「優良傳統」。

　　首先，要給每個長官買一箱二十瓶的啤酒，塞進戰術背包裡，在一天訓練結束之後，確認長官在辦公室，接著敲門請求進入。聽到一聲「好」之後，二話不說，開門一腳把滿是啤酒的背包踢到長官面前才算是成功。接著關上門，再次請求進入，這次要喊自我介紹的正式介紹詞，全程不苟言笑，直到長官首肯。

　　這時候你必須盡可能不移動過多腳步，火速從包裡拿出一瓶啤酒，並且開瓶遞給長官。接著給你自己也開一瓶，他可能會拿啤酒瓶撞向你的瓶口，泡沫噴湧而出，而你必須直接乾完，一滴不漏。這個過程有時候是用瓶喝，有時候是用頭盔喝。一個頭盔能裝十三、四瓶啤酒，而你得站在椅子上一飲而盡。有些比較壞的長官，會在頭盔裡混合紅酒、威士忌、伏特加，所有你能想得到的酒精種類，且這個自我介紹如果沒有成功，你也得喝到成功，或者改天繼續，直到獲得所有長官認可。

　　那天喝完之後，我早上起來發現自己身處走廊與廁所之間，就這樣睡了一夜。我也清楚記得那天晚上吃的是義大利肉醬麵，因為厄梅立在與另一名下士自我介紹、一飲而盡的過程中，當場吐在了頭盔裡，然後又全部喝了下去。

　　外籍兵團成員能人所不能，喝人所不喝，果然是條好漢啊。

反坦克排的
新兵日常

　　每天早晨部隊起床時間是六點，但是我們新兵必須在六點前洗漱完畢，並打掃好房間，接著開始打掃連上及排上，大約會持續到七點。約在七點前後，排上每一位中士都會進來房間，跟每個人握手問好，同時檢查內務，從房間整潔、倒垃圾到個人衣櫃內務。七點十五分吹哨，所有士兵集合繞營撿垃圾，七點半集合運動。因為雜事很多，所以多數

站哨時，頭戴白色高頂軍帽的閱兵服裝。

時候沒有時間吃飯，而且部隊早上也是不供食的，大部分老兵會自費到俱樂部買個麵包或三明治果腹，新兵的話就得加緊時間做

完事情，再想辦法吃飯。

如果士官進來房間，我們第一個看到的人得以最快速度喊「全體安靜」（Silence），接著所有人立正敬禮。如果是軍官進入房間的話，則得喊「全體注意」（Garde à vous），不管當時在做什麼，都必須馬上立正站好，一動也不能動。

傘兵的服裝儀容要求遠比其他部隊更加嚴格，凡是服役五年內的官兵，外出時都得穿著燙起來極其麻煩的軍常服及塗好鞋油的皮鞋，並把腰帶擦亮，只要一項沒做好，就會被取消外出。還有另一套外出服，我們稱為沙灘服裝，穿這套衣服時只被允許早上出去，下午六點前必須回來，而且說真的，這套沙灘服裝是真的醜——白色運動長襪、軍綠色 Polo 衫，配上卡其色短褲，還有特製的部隊皮帶——別稱為「小學生上學服」。

外出得經歷重重檢查關卡，先是排上的下士檢查，再來是連上的中士檢查，等走到門口，還得讓站哨的指揮官再檢查一遍。據我所知，其他部隊穿便服就好，此外，站哨時我們所穿著的閱兵服裝也是極其難熨燙的，這些在其他部隊幾乎都絕跡了，只有我們和南美洲的第三步兵團仍保留這些傳統。

而我第一次週末外出是在已經服役八個月的時候，其他部隊的人不需要等這麼久。手機的限制也比其他部隊嚴格，一般在四個月服役期的時候就能攜帶手機，只要「上班」期間不要使用。擁有手機固然是件好事，但是也有弊端，因為上級就可以在他需要人的時候隨時聯絡，如果不接電話就會出事。時常在假日會有緊急來電，像是某一次，我已經外出，在海景飯店裡面剛安頓下來，這時候上級打來：「週末俱樂部需要人手賣啤酒，三十分鐘

內回到部隊。」

在我們還是菜鳥的時候，這種事情非常常見，新兵在連隊裡最不受善待，因為最菜，有許多雜事等著我們，連週末也不一定自由。就算只是待在房間裡，也很難得到真正的休息。加上我運氣不好，我們這梯只有兩個新兵進到排上，不同以往會有五、六個一批，那情況就會好得多，事情可以一起分擔。老兵一般是什麼都不做，或者負責監督，他們已經可以像下士一樣帶隊，甚至給我們上課。

還記得第一次在科西嘉島外出，那真是太幸福的體驗，即便因為下午又被安排執勤，只有兩個小時的時光，但是歷經所有關卡，終於踏出營區時，不禁長舒了一口平日裡憋著的氣，不用再隨時注意一言一行。不過到後來，這些漸漸地都被刻在了骨子裡，軍人真正的氣度，是不卑不亢，看不出悲喜。

其實，
我也不是好惹的

　　順利進入戰鬥連隊之後，第一個月裡我跟人打了四次架，絕大多數是與連上前輩，有次則是跟下士，他們都是俄羅斯人或是來自說著俄羅斯語的國家。軍隊裡的種族歧視無所不在，尤其當我是這裡的「少數民族」。跟他們打架，不必在乎輸贏，因為他們比我高大，比我更加強壯，人數也多，我唯一能稱上優點的只有不怕死。寧可站著死，絕不跪著活。那個時候，即使被打，我也不去醫務所，因為這種事情如果不私下處理，就永遠不會結束。

　　第一次打架我印象深刻，那天我是連上的勤務兵，負責吹哨、熄燈、領取連隊信件等各式各樣的雜事。那時候另外一位特種偵查排的俄羅斯前輩里莫夫正在打掃走廊，但是已經到了熄燈時間，上級命令我去關燈，我也看到他在打掃，跟他知會一聲已是熄燈時間，但是他二話不說，上前一步揪住我的領口，直接踩上我的腳，湊近臉瞪著我，「你給我閉嘴，在這裡你沒資格發言！」說完還推了我一把。我並沒有回話，直接用拳頭往他身上招呼，我

們互相來往了幾拳幾腳，但很快地被他們排上的人給拉開，這事卻沒有就此告一段落，反而越演越烈。

當晚我們相約午夜在垃圾場解決，他赴會時帶來了幾個人，把我們倆團團圍住，其他人並沒有加入戰局，就只是看著我們兩個單挑。說真的那次我沒能占上風，他速度比我更快，身材比我更強壯，但是我也不會讓他整齊離去。我們都是往對方臉上揍，在被他放倒在地之後，我直接被他一記低鞭腿踢到耳朵流血，接著繼續在硬石地板纏鬥，這時候他跟我的頭都已經皮破血流，最後他把我鎖喉，在我快要窒息的時候，他被值星士官拉開。

那天我們一起被處罰，在連辦公室前做伏地挺身直到半夜三點，而且每做一下，就得親吻對方臉頰一次。那天終於在床上躺下時，我的後腦勺都是血跡，鼻子、耳朵也流血。

這次與俄羅斯人的衝突過後，我便成為了這群說著俄羅斯語的人的眼中釘。

「我今天在偵查排那邊跟所有俄羅斯人喝酒，他們說要想方設法讓你逃兵，所以我勸你收拾好包袱吧！雖然我挺欣賞你，但是在人前我們最好先保持距離，這樣他們有什麼消息，我才好暗地裡給你通風報信。」我房間那位服役一年左右的摩爾多瓦前輩喬里奇暗中幫我打探消息，並且給我忠告。

「好吧，反正我並不懼怕他們，要打架隨便，但是如果他們想玩陰的，就麻煩你提前告訴我了。」

「我建議你申請換連隊吧，最好直接申請換團，這樣子對你更好，畢竟那群俄羅斯人不是好惹的。」

「其實，我也不是好惹的。」我故作輕鬆地聳肩說道。

廚房神祕人

　　那天，我被輪調去部隊廚房幫忙。廚房裡有一個神祕的東方面孔，看起來脾氣古怪，整天都不太說話，也有點心不在焉的樣子。

　　他是負責廚房內部業務的後勤人員，管理部隊的伙食倉庫，有時候還要留守，睡在那棟建築物裡附設的臥房，是廚房公務的值星官。

　　某次休息時，他悄悄過來我身邊，遞過來一本白色筆記本。

　　「中國語？」他向我確認，可能怕我法語不好，先問了一遍我會不會說英文。

　　「我不會說英文。」我用還算標準的法語回答他。

　　然後我們開始交流，有什麼不懂的，他就在筆記本裡用日語寫下來。因為日文裡有漢字，如果有交流困難，直接寫一長段句子，看到漢字的部分，就能大致上猜出意思。

　　這名日本人曾經是情報單位的特務，年齡比較大的時候才來到法國外籍兵團。亞洲人在傘兵團難免被欺負，他被調來後勤的

原因，也是在連隊遭受排擠。體能要求對於他的年紀來說，有點太硬了，畢竟他已經四十歲，在部隊裡面算是高齡士兵，身高也不高，但所謂大隱隱於市，在人群裡毫不起眼的人，故事卻是異常精采。

我們談論了些日本單位的祕辛，甚至說了怎麼毫不聲張地在部隊把人處理掉，像我們部隊這麼多逃兵，有時候早上點名人少了，部隊都不會去找。

「有些人可不一定是逃兵，可能背地裡被處理掉了。」

「部隊裡是沒有監視器的。如果在廚房把人大卸八塊，高壓水槍可以沖掉所有血跡，只要裝進黑色垃圾袋裡，早上一早，垃圾車就來收垃圾了。神不知鬼不覺，人從此世上蒸發。」

聽他說完話，我都感到毛骨悚然，希望不是真實發生的，否則想起來真是有些害怕。

有次半夜巡邏時，隱約看見黑夜裡有個身影。我第一直覺就是他，果然沒錯，他在黑暗裡練習著刀法。

他是真正的
外籍兵團成員

真正的外籍兵團成員，在任何
地方都能找到自己的生存之道。

某一天半夜我在房間裡睡覺，兩位俄羅斯人闖進來，把我連著床直接拉到走廊，雖然我房間裡有長官，但是他只是抬頭看了一眼，就倒頭繼續睡了，根本無視他們的行為。

「大半夜的，你們想幹嘛？」

「中國人，你在這裡待不了太久了，因為我們決定不讓你好過，識相的話就自己打包走人，不然我們不保證你走的時候，身體仍然完好。」

從前，老祖先的智慧告訴我，凡事要以和為貴，可是這件

前進或死亡

事已經到了沒辦法平靜對待的地步，我只能動武。當時被欺負得挺慘的，無時無刻不有俄羅斯長官找我麻煩，常常二話不說就打我的頭或是我的腹部。

這些事情我無法接受，大家都是一起當兵的，或許有天要在戰場上共事，為什麼要如此咄咄逼人？想方設法把我逼到逃兵？而且幾次打完架之後，俄羅斯人什麼事都沒有，只有我被處罰，連夜寫一百份檢討報告，雖然氣憤不公平但是當下也只能寫。

直到有天，我正在地下室的洗衣房準備洗衣服，突然來了三位俄羅斯人，幾個人堵我一個，原本只有我與其中一個動起手來，後來另外兩個看情況不對，我竟然沒在第一時間被打倒，於是他們不管三七二十一，三人一同出手，多虧剛好有另外一名士官經過，他們才停手。

「如果你們有恩怨，不是這樣幾個人對一個，應該一對一戴好護具去拳擊室對打。」

當晚我們就去了拳擊室，他們推出逞凶鬥狠的代表：摩爾多瓦人邦沙，說要和我解決之間的問題。其實我挺喜歡他的，說打就打，說幹就幹，後來我們甚至變成了朋友。

邦沙他練了兩年泰拳、兩年綜合格鬥，說要讓我嘗嘗痛的滋味。第一回合，他先是往我左側一踢，力量挺大，接著一拳打在我臉上，那拳似乎把我打醒了！我們開始拳來腳往，直到他倒地。

第二回合，擂台下的人眼睛睜得很大，想不到邦沙被我壓在繩索旁暴打，打得他抱頭被動防守。他突然一個轉身肘擊，直接打在我後腦勺。原本說好不用手肘和膝蓋，即使他辯解也沒用，台下的人都看到他肘擊我，我的墨西哥朋友為此作證。

第三回合，他一腳直接踢我的臉，幸好我閃過，這時拳擊室的長官來了，大喊：「你們在幹嘛？」並要求我們全部離開，原因是這裡禁止不戴護具對打，當時我們只有拳套。

在軍隊裡，尊重不會平白給予，然而這次我贏得了尊重。另一個俄國人還問我下禮拜二或是四有沒有時間，他也要跟我打一場，並對我露出微笑還眨眼睛。他們說如果我願意，以後可以一起練綜合格鬥，說要展現絕招給我看。之後捷克人里比斯告訴我，邦沙說我不是普通的強，班長也檢查我的臉是不是一如往常，我還聽到有人說：「Il est un vrai légionnaire.」（他是真正的外籍兵團成員）。

部隊教我服從，但是從未教過我軟弱。部隊並非相親相愛的場所，待人以善良，不一定有同樣回報，只能夠以行動證明你值得人尊敬。

城鎮戰演習

　　某次城鎮戰演習中，我們駐紮在海邊度假村，看著錯落的小木屋，這裡應該曾經是真的度假村，只是如今變成軍事演習的地區。度假村年久失修，有些地方的草已經長到成人半身高。

　　小木屋大多零星搭建在 Y 型主要道路附近，彼此間距一公尺多一些，屋內對外出口只有一扇門及兩扇方形大窗。到陣營時，像這樣了解周遭戰場是首要工作，實際評估地形、建築、道路情況與基礎民生設施，像是醫院、發電系統、交通系統、宗教或政治設施等等。

　　這裡還有個大型文化中心，和一大片一望無際的自然海灘，遍布著零星的漂流木與海草，這還是片讓人欣喜的沙灘，因為適合放地雷。但是望著外海灰暗的天際線，有種讓人窒息的壓迫感。

　　我們來支援飾演壞人，帶隊的是名狙擊專長的羅馬尼亞中士，而且是出了名的暴力狂，服役時間接近十五年，卻還是中士，因為實在犯錯太多。聽說在德國中士庫魯斯還是小兵時，他已經是中士了，如今庫魯斯都已經在軍階上與他平起平坐。

如果他在隊伍中，千萬不要想著偷懶取巧。所有學員的一舉一動，全部都在他的眼中，尤其是那些壞心思。

有次精準射擊訓時，大家都已接近體能極限，於是有人提議把背包裡沒有用的裝備先找地方藏起來，然後輕裝上陣。由於培訓過程中為訓練狙擊手的找點能力，狙擊手會透過無線電收到座標，再以最快速度趕到定點，執行不同的任務內容，就這樣重複差不多的內容好幾天，對路線也很熟悉，因此想說把東西藏起來，只要在集合時回來拿就好。

結果那天最後他們只記得，手電筒的燈光以及中士的拳頭同時往臉上招呼。有一整個小組自費的裝備都被他丟到垃圾桶，每個人損失了幾百甚至近千歐元的裝備，有一些甚至還是新的。

但是羅馬尼亞中士同時也是很有規矩的軍人，非常講義氣。只要你符合他的要求，就不會有事。

集合的時候，他為大家安排了站哨時刻表，因為我們這裡是軍事領地，理論上不會有平民進入。只要看到人，若答不出暗號，即視為敵人。即便是一群平民闖入，二話不說，吹哨讓所有人都起來，如果不聽話，直接動手制伏他們，有問題，他扛。

跟著某些長官，犯錯的時候他們可能會讓你背黑鍋，可是這名羅馬尼亞中士不會，你可以完全信任他。如果你是他手下的兵，一榮俱榮，一損俱損。

我們部署好整個度假村的防備，這個行動為期一週，我們有足夠時間建築好簡易防禦工程，沿途再布置些陷阱。

雖然飾演壞人的一方是注定的輸家，但是也不能讓其他人贏得太輕鬆，不管在部署還是戰略方面，都要盡可能真實地與他們

對抗，否則就失去了演習的意義。

演習不是配合演戲，是為了戰時可能發生的情況作準備，並且讓戰鬥人員習慣處在緊張狀態，透過環境的改變，對敵情威脅做出更好的調整。

在負責攻擊的部隊到來前，他們已經行軍好幾天，沿途有些零星的交火。對我們來說是小打小鬧，因為我們知道他們的最終目標，可以預判其行進路線，只要埋伏好，邊打邊退即可。

演習來到最後一天，我和另外一個薩爾瓦多人穿著便服飾演平民，手裡有一顆練習用手榴彈。守在必經的十字路口，等敵人一來，馬上通風報信給羅馬尼亞中士。等了五個小時之後，敵人到來，我們裝作若無其事經過，還離敵人老遠，他們已經把槍口轉向我們，而我還沒反應過來，我的夥伴已經往前猛衝，把手榴彈豪爽地一扔，還差了三十米。

接著我們被敵人俘虜，我的雙手被綁在身後，全身被搜了一遍，大字狀躺在地上，被拉進廢棄的農莊。原本那裡還是我們反派的基地，敵人在這裡找到不少驚喜，因為從進門開始我們四處都安置了炸彈。可能是這個原因，負責攻堅的上士情緒非常暴躁，明明只是演習，但是感覺他是認真的，真的把我們當成罪犯，問話時，他這王八蛋一拳直接揍我喉嚨，揍了四拳，打了兩巴掌，之後讓我雙膝跪地，面朝牆壁。

薩爾瓦多人也被打得很慘，他的雙手沒有被綁，就藉故蹲下綁鞋帶，趁著看守的人不注意的時候馬上跑，結果被抓住，害我又一起被揍。

上士說「à poil」（全裸），接著把薩爾瓦多人全身上下的衣

服脫光光，又揍又踢，過了二十分鐘，問他會不會安分一點了？「是！」他說。結果是他一穿好衣服，拔腿就跑，而且這次是拚死地跑，最後突破重重包圍，跑進山林裡藏了起來。畢竟其他人都是全副武裝，穿著防彈背心，很難抓住一個身手矯健還穿著輕便的人。

就這樣，他跑了。但我還在，至少也幫我鬆綁啊！

當天晚上的慶功宴，我們吃得還不錯，是其他人在山裡巧遇的野豬，連續吃了一週的罐頭，總算要改善伙食。隊伍裡面的尼泊爾人負責處理野豬肉，不知道從哪裡變出了一些醃料、辛香料，看起來平常沒少做野炊。其他人也不是光看不做事，一些人負責砍柴，另外幾位負責生火，剩餘的人則開始清整裝備和擦槍。幾個小時過去，突然聞到了野豬肉被燒熟的香氣撲面而來。

下士向尼泊爾人問道：「應該已經熟了吧！」只見野豬的表皮已經燒焦，他熟練地用軍用小刀切開野豬，油水從裡面滋滋地冒出來，看得所有大男人們心花怒放。

切開野豬肉後，放在炭火上繼續烘烤，再用樹枝去挑切好的野豬肉吃。我將樹枝從中間折斷，當成筷子使用，完全不怕野豬肉沒有被烤熟，直接夾到了嘴邊。在場的人幾乎都沒在客氣，很快就把野豬分食殆盡。

一群人圍著爐火，笑罵聲此起彼落，嘴裡咀嚼著野味。除了啤酒之外，我們什麼都不缺了。野外生活果然還是要這味，善哉！善哉！

話說回來，這薩爾瓦多戰友真的很神，足足躲了一天。隔天早上，行動結束了他才靠近我們的集合點，還有人打賭他是逃兵

了。中士並沒有責怪他，而且他看起來一副劫後餘生的樣子，讓人有些哭笑不得。

　　說他做得好呢，他確實扮演了一個好的恐怖分子，即便被抓到，也沒有吐露風聲，還把握好時機順利逃跑。但是說他做得不好呢，這只是演習，他也不該逃跑啊，簡直是打臉了對方指揮官（這一點讓我們羅馬尼亞中士很滿意）。

那日，
風又大了

　　我們反坦克排的排長是個極其嚴厲的俄羅斯人，但他幾乎不與俄羅斯人打交道，擁有一百九十公分的身高，總是不苟言笑，令人尊敬又害怕，屬於不怒自威的類型。他是極限運動的常客，熟悉科西嘉島每條祕徑，高峰幽谷遍布他的蹤跡；但他總是為了小事而震怒，發怒頻率之高，導致沒什麼人願意接近他。時常晚上九點後，還能在辦公室看見他的身影，這個時間點，正常人早該離開辦公室了，回家抱抱老婆、小孩，但他沒有，他擁抱的是外籍兵團，外籍兵團即是他的家庭。

　　那天他突發命令，估計是偶然來的突發奇想，或是又想給我們一次考驗，要我們領上所有裝備，包括防彈背心、反坦克導彈等等，即刻出發重裝行軍。領完所有的裝備後，一個人很難背起自己的包，一定得旁邊的人幫忙才能挑起放到肩膀上。反坦克排最是強調長途行軍的能力，因為我們得在大部隊抵達之前，先到達制高點勘查、提供訊息，爾後又先大部隊一步，在另外制高點

　　　　　　　　　　　　　前進或死亡

▌路過科西嘉島山間小鎮，我不是歸人，只是過客。

負責火力掩護，一向背得比別的兵種更重，走得更遠、爬得更高。除了一般戰鬥裝備，還得背負反坦克導彈、夜視瞄準儀、替換電池等等，每個人至少都得背上四十公斤，路程中我們會攀登科西嘉島最高的山——欽托山（Monte Cinto），這是著名健行路線「GR20」的其中一段。

這次的三日行軍，路線一如往常——就是沒有路線。並不是他沒有規畫，而是他偏愛挑戰一些正常人不會走的路。

路途中，隊上一名戰友在跨越崖壁時滑落，高度差約有十米，這裡的地形實在不適合行走，更何況肩負著無比沉重的野戰背包和一堆裝備。我當時就在他後面，目睹他滑下山崖的過程，頭部紮實地撞了石頭兩、三下，幸好是背包著地，落在水道上。他毫不軟弱，但是大自然的力量當然遠比他更強大。

即便有人受傷，排長卻完全不在乎，讓我們幾個人抬著他走了一個小時，到了前方的小村之後，才聯絡部隊遣送傷患。把那人送走後，大家一路上談笑風生，預測下一個倒下的會是誰。一路上很多人都倒下了，只要後面的人大喊停下，他就會很生氣，邊罵邊走得更快，說著：「你們唯一能喊的是前進。」讓人慶幸的是，我們還有個隨行的中尉軍醫在隊伍殿後，雖不奢望他能照料我們的健康，但只希望他能稍微遏止排長對我們使用暴力。我們排上幾乎一半的新兵因為排長的暴力而離開，我也曾在犯錯的時候，肚子被他揍過幾拳。

結束野外訓練這天，剛回到營區不久，放下沉重的背包和裝備，擦槍整理，收拾好東西去軍火庫交還。一切整理好且接到解散的命令之後，回到房間，還沒能去沖個香噴噴的熱水澡，打開

前進或死亡

手機的剎那，手機畫面瞬間被訊息塞滿，許多消息鋪天蓋地而來，家人朋友紛紛詢問我在法國的情況，很多臉書上的朋友把頭像加入三色旗，而部隊則降了半旗。

二○一五年十一月十三日，那是巴黎最黑暗的夜晚，原本平靜的法國突然遭受多起恐怖攻擊，恐怖分子在體育場、音樂廳等人群聚集的地方無差別掃射，伴隨自殺式炸彈攻擊，造成超過百人死亡、三百多人受傷。

在這令人不安的情勢裡，部隊立即進入緊急狀態，官兵禁止外出，所有連隊整裝待命，只等指令一下，無論在世界上任何一個角落，我們都會在二十四小時之內趕到。

政治我不懂，所以不作任何評論，可是我的職責是為最糟糕的情況作最充分的準備。因為熱愛和平，所以為戰爭作準備，讓絕大多數的人，仍能保有平靜的生活。

我的這位排長於二○一八年二月逝世。作為傘兵，他沒有犧牲在跳傘任務中，而是在他的另一次冒險。在生命感到激情的瞬間，在那一刻，他穿著翼裝飛行服立於山間，不知道他當時正想著什麼？或許跟每次跳傘前在飛機座位上一樣平靜，他定是全然無懼，畢竟這世間沒有什麼值得讓這名男人恐懼。

「這種運動在科西嘉島才剛開始，沒有安全性可言，無異於拿著毛巾從山峰往下跳罷了。」一切彷彿昨天，他還在對著我們訴說著翼裝飛行的種種，以及如何見證同伴撞樹死亡。而那日，風又大了。

Part 3

阿聯酋沙漠
支援

波蘭中士的
處事哲學

　　傘兵團新成立了第五連，專長沙漠作戰，準備派遣部隊去阿布達比出海外任務。由於他們是新成立的，人手不足，所以從我們偵查支援連挑選人馬，組了一個排的兵力支援，因此我們這個混合排裡頭有著各種戰鬥專長，算是挺特殊的一支支援分隊。

　　待訓的這段時間，我們有自己的訓練，由波蘭中士長瓦什凱維奇帶領。他是個可怕的運動狂魔，個頭跟我差不多，但是明顯比我強壯一圈，對於體育科學的種種知識嗤之以鼻，只癡迷於土法煉鋼式的苦練，在他帶領下，每天都得運動三次。這人唯二的愛好便是酒精與運動，表面上看起來沒什麼特別之處，即使他有點強壯、有點魁梧，但是這種身材在傘兵團裡多得是，不過當他開始帶我們訓練，我就發現他根本「不是人」！

　　早上的例行長跑每天都會跑不同路線，最常跑惡名昭彰的老水塔陡坡，那段陡坡是我新兵時期的惡夢，看不見盡頭的上坡路，來回跑一趟長度十五公里。回程接近營區時，再到沙灘跑五公里，

最後再來個百米衝刺。中午、晚上吃飯之前則是「apéro」，這個單詞在法語裡是「餐前酒」的意思，但是對我們來說，卻是「餐前運動」。一開始我們之中唯一的法國人侯德還因此鬧了笑話，真以為要喝餐前酒。

訓練時，若沒達到中士長的要求，跑步落隊在最後面的、或是單槓拉不上去的，訓練完之後得在俱樂部為整個排買單。早晨與中午運動後，人手一瓶飲料；晚上則是人手必備一罐啤酒，這些都是體能不好的人買單。每次二十幾歐的啤酒錢，說實在的，前幾次還不以為意，但久而久之真的會心痛荷包。

中午的餐前運動是五十下單槓（十下一組做五組）；下午操課完畢、晚餐前三十分鐘，要跑運動場外加三百五十二下仰臥起坐，沒有間歇休息。我們有十一個人，包含中士長在內，一個人負責數數，大聲喊零、一、二……直到十（雖然是數到十，但其實是十一下，因為把零也算進去）。所有人都得輪到，輪一圈就是一百二十一下。原本以為已經結束了，但是中士開始從頭報數，這次直接從零數到二十，所有人又輪了一圈，所以總共三百五十二下。許多人常後繼乏力，使中士長破口大罵，因為一個人出力少，其他人就得用更多力量彌補。每次做完，洗澡的時候就會發現屁股有大面積破皮，淋浴那瞬間就像是給傷口灑鹽。

某次中士說要帶我們走他帶女朋友走過的登山路線，還說以後週末我們跟女朋友出遊，就有更多選擇。原本說好了半天的路程，卻從早上八點走到晚上八點，如果真的帶女朋友來，能否順利回去都成了問題，更別想她會不會在半路翻臉。

三月的科西嘉島，早晨的氣溫仍然有點低，中士特別喜歡在

咖啡裡加進他最愛的伏特加，行軍上路前所有人都必須來一口「特調」，感受一大口暖流經過喉嚨，直下五臟六腑。一股熱能湧入軀幹大腦，那酒精混合咖啡因，麻痺了知覺，卻活躍了身體。

中途休息的時候，中士會叫我們每個人吃幾塊大蒜及洋蔥，也可以直接混合軍糧罐頭一起吃，並且和我們分享他的飲食之道：「在野外受訓的時候，軍糧在沒有選擇的時候才吃，其他時候，你們得學會自己準備需要的食物，畢竟軍糧這些東西，保存期限都超過五年，裡面放了多少防腐劑、添加劑不得而知。任務時期由於沒有選擇只好將就吃，一般訓練時盡量別吃，吃多了對身體有害。吃的時候沒感覺，拉出來的時候感覺可是完全不同。若是吃一客上等牛排，到了上廁所的時候，你會花費一點時間如廁，但是吃份軍糧罐頭，大約只需十秒。在野外訓練，只吃洋蔥、大蒜、科西嘉乾香腸和在地乳酪。當然，還得配上生命之水，營養保證足夠。」

終於行軍到射擊場比安卡角（Punta Bianca），水壺裡的水已經幾乎見底。突然想起長官的忠告，不管什麼情況，永遠在背包裡多放兩公升水，直到逼不得已的緊急狀態，才能夠緩緩地喝，就算包重了一、兩公斤也不要緊，將來的你，一定會感謝在包裡多放水的自己。

射擊訓練從距離兩百米開始，一百米時變換射擊姿勢，七十五米、五十米、二十五米，最後看靶。嘗試不同隊形演練、衝鋒進攻，所有人始終維持一線，邊射擊邊推進。還有步槍、手槍交換射擊，以及交換位置射擊、處置傷兵、形成包圍網之類的訓練，每個人都打了兩、三百發子彈。

非洲任務前模擬訓練，明明得適應沙漠高溫，卻是在雪地進行模擬。
我們是外籍兵團成員，無須邏輯思考，幹就對了！

今天做的一些訓練在正規法軍是禁忌，因為我們直接荷槍實彈訓練，事前沒有排演。一般法軍的訓練方法是，第一次先空手排演隊形戰法，第二次用空包彈訓練，第三次才能用真子彈。但是在外籍兵團都直接來真的，上級腦袋裡只裝著：衝啊！上啊！勇者無敵！

　　到了中午，即使在靶場依舊有「餐前酒」，中士長似乎不甘心我們一餐不運動，於是下令把唯一的鑷子綁在天花板的梁柱上，用繩子綁好套牢就成了單槓。吃飯前，先拉九十下單槓，一組數十五下，一共六組。如果誰拉不了的話，排在後面的同伴得抓住他的腳幫忙往上推，但是被別人幫忙的人得多拉一下。

　　單槓結束後，再做五百下伏地挺身，一組一百下，緊接著五十下單手伏地挺身，頂著正午的豔陽，而且還不准喝水。我們即將去的地方有著四十度高溫，而我們要在那裡做一樣的事情。中士長後來說了一句話，讓我們軍心大振：「等我們從沙漠回來之後，女朋友會告訴你，你就像動物一樣強。」

　　準備前往阿布達比支援而離開法國這天，計畫中午從科西嘉島坐上開往法國大陸的輪船，早上卻安排了長途越野武裝長跑，跑了兩個多小時，超過十五公里。半途中，跑完老水塔陡坡後，法國戰友侯德開始顯得神智不清，跑得搖搖晃晃，中士長卻不以為意，反而在後面推著他。

　　「你以為我沒看過人中暑嗎？這算什麼？給我繼續跑！」

　　直到他倒下，另外三個人也接近中暑，有另一位巴西人被急救專長的下士私自叫走，因為他早就在隊伍後面嘔吐，若是再繼續下去，我們就又少一個人了。

這個倒下的侯德曾經在法軍服役十一年，執行過五、六次海外任務，後來嚮往外籍兵團而重新入伍，他曾經說，法軍裡的人都說外籍兵團是出了名的殘酷鐵血，真的想當兵的人，都會選擇加入我們的行列。

　　當救護車到達我們所在的山坡，他旋即被送往急救，也就表示他不能與我們一起前往中東。到了醫院，他發燒超過四十二度，好不容易醒來之後，連自己的名字都說不出來，醫生說他一年內不能再做任何運動。

前往阿布達比

出發前，我拿到由上級統一發下來、不是本名的法國護照，這是我們搭乘飛機的憑證，但是這本護照只有在任務中才能夠使用。從戴高樂機場出發，軍用飛機上位置可多了，每個人可以有兩個座位，我的位置正好靠窗，看著飛機升起，漸漸遠離巴黎。

抵達目的地下軍用飛機時，已經是當地時間的晚上，迎面撲來一股熱氣，我還猜想應該是我們正好在飛機引擎排出熱氣的範圍，但是走了兩百米後，我發現我錯了，始終是那麼熱，並沒有因為遠離飛機而變涼。

我們降落於阿布達比軍用機場，新型坦克車和各式武裝在此停靠，其中有許多昂貴的法國貨，如勒克萊爾坦克、幻象 2000 戰鬥機等等，由此可以窺見這個國家軍事戰力是多麼富強。

我們這群來自法國的軍人在機場等候室檢查身分，由阿拉伯聯合大公國負責人員一一核對我們的名單，同時也用海關儀器檢查了我們所有的行李，我們不被允許帶任何通訊用品，像是手機、充電器，就連記憶卡也不行。

領完便當，裡頭有肉有菜、幾樣精緻的糕點，還有符合法國人口味的麵包。我最喜歡的是裡頭別有特色的糕點，應該是阿拉伯的傳統美食。

　　很快，負責接送我們的巴士來了，我們的目的地是外國軍隊駐紮的軍營。從車窗往外看，我們身處暗夜之中，行駛在沙漠的小徑，真是件神奇的事。途中路過幾道防衛森嚴的關卡，隱約看見塔台上幾挺重型機槍的影子。很快的我們到了軍營門口，哨兵站走出一位阿拉伯軍人，由他負責檢查我們是否攜帶了電子物品，檢查十分嚴謹，隨身行李都倒出來翻了遍，連身體也摸了個乾淨。

　　宿舍是棟三層樓高的建築，建築物內外是兩個世界，裡頭冷氣開得很強，一點也沒有節約用電的意思，反正是國家買單。

　　這裡是阿拉伯聯合大公國，世上幾個最富裕的地區之一，自古是兵家必爭之地，有著重要的戰略意義以及經濟影響力，而這個軍事基地，更是法國第一個建立於以往殖民地以外的軍事基地。以地理位置而言，鄰近伊朗、伊拉克、沙烏地阿拉伯，以東還有阿富汗，有助於法國爭取在波斯灣的政治利益，應對所有可能的突發狀況。

齋戒月期間的
沙漠訓練

　　海外任務期間正值伊斯蘭教的齋戒月，整個國家禁止白天飲食，即使不是穆斯林，身處沙漠軍營的我們也受到限制。我們內部只有一位穆斯林，而且是不太遵守規範的那種，就是當時我的室友，我們兩兩同房，所以我對他的生活起居特別了解，透過他的介紹與故事，我也在這段期間對穆斯林有了更多認識。

　　在阿拉伯國家，廁所獨樹一幟，馬桶旁有個附加的瓷盆，名為「bidet」，一開始我以為是小便斗，但據說是清潔台，可以用來洗屁屁，也可以清洗其他部位。另外，馬桶旁設有帶著長管的噴水龍頭，專門用來清洗屁股，使用時強水柱讓人不太習慣，有種被侵犯的感覺，但是確實非常方便，而且比用衛生紙來得乾淨。

　　在齋戒月期間，我們不能在外吃東西、喝水，抽菸也得躲在角落，因為軍營外圍遍布監視器，我們作為法國軍事外交代表，自然得尊敬當地的文化。

　　頭兩天，我們沒有訓練，僅僅上了理論課程，學習如何在屋內勘查地雷及陷阱、製作炸彈、沙漠求生等知識，認識在這裡可

前進或死亡

能看見的毒蛇與蠍子、多肉植物、沙漠黃金椰棗，還有過濾水的方法，也對於這個國家的文化及政治有了些簡單的認知。正值六月，是這裡最熱的時刻，沙漠裡氣溫動輒到達四、五十度，溫度將是我們面對的第一個敵人。

這裡訓練重點在於城鎮作戰，營區內座落許多阿拉伯風格的模擬城市，而我們在此練習攻堅任務、偵查任務等等。以小組作戰為主，進入建築物勘查，相互掩護，救出人質。

我們與法國第五重裝騎兵團配合作戰，他們有著法國最新的勒克萊爾坦克——這部世界唯一的第四代主戰坦克，被稱為世界最強坦克，不過從未正式應用於戰爭當中。造價也是名符其實的世界最貴，要價一千萬美金。在這裡停放著的是數億美金的資產，每天看著這些錢在風沙中前進，重裝坦克狂飆於沙漠中，也是別有一番滋味。

領了法軍沙漠色的服裝，首要任務是把新領的衣服全部燙好，我們的熨斗在這裡都無法使用，因為電源插頭與這裡的插座並不相符，只有少數幾個聰明人還記得帶了轉接插頭，但是他們也沒有要分享給所有人的意思，畢竟我們只有一個下午時間，得燙好全部的衣服。命令就是這樣，不管我們是不是人生地不熟，我們也沒有這裡的貨幣，只能想盡千方百計，沒人敢坐以待斃。

此時，羅馬尼亞戰友展現了一門技術：如何把插頭與電線分離的熨斗給修好。先把電線用隨身小刀切開，露出裡頭形形色色的線，接著把線一圈圈環在斷掉的插頭上，說：「見證魔術的一刻到了。」便把插頭一腳踹進插座裡，如此一來熨斗又可以用了。

到了檢查服裝的時刻，我跟另外三名新兵沒有通過，畢竟我在最後才找到熨斗，還是去跟法軍借的，但這不足以成為理由。

罰寫檢討報告這種處罰看似不痛不癢，卻是折磨士兵的可怕方式，一夜未眠寫到五感麻木，早晨還得接著訓練。誰也不想利用寶貴休息時間，去做這種無止盡且無意義的事。（照片攝於旺德爾港，因為巡邏回來時少了一顆子彈。）

我們被處罰寫一百份檢討報告，代表著得不眠不休寫一整個夜晚，在別人安穩入睡的時候，拿著原子筆與直尺，忍受疲勞奮筆疾書，唯恐寫錯一個字母。最難受的事，莫過於此。

日子看似苦哈哈，偶爾還是有有趣的事情發生，某天看到戰友拿出了一部智慧型手機，還是有鏡頭的那種！心裡太震撼了，他是怎麼通過重重檢查？原來這名戰友把電熨斗拆解，把手機放入熨斗內部，接著再把電熨斗用螺絲鎖好。據說這是從前毒販的運毒手法，連海關儀器都掃描不出來。當所有人都沒有手機，還有什麼能比擁有手機更讓人開心的呢？

在這裡，人事調動也是家常便飯，我們同行中的一名資深狙擊手下士長，第三天便被調派前往伊拉克。這些輪調海外的機會，某些程度上代表了一定風險，但是軍令就是軍令，不管它多麼不受歡迎，我們都沒有拒絕的權利。周圍國家如果有緊急情況，我們也往往是第一批前往支援的軍隊。

前進或死亡

沙漠裡的三溫暖

在沙漠的首次行軍，帶頭的是名法國老士官，那黝黑的皮膚幾乎與土著毫無分別。這次行軍不會在沙漠過夜，所以我們只會輕裝出行半天，目的是讓我們感受一下何謂沙漠，為將來在更嚴酷的環境、更大強度的沙漠訓練課程作好準備。

起初，沒人把這次行軍當一回事，畢竟我們都曾在烈日下重裝行軍好幾天，區區輕裝行軍半天，何懼之有？

走出軍營，直接步入沙漠，在這想逃兵絕無可能，除了身處沙漠之外，兩道約五公尺高的鐵絲網柵欄環繞軍營，兩道鐵絲網間還有約五、六公尺的距離，在鐵絲網旁，平均每十公尺就架有一台監視器，再加上二十四小時的哨兵，除了有法軍站哨之外，還有阿拉伯軍隊的哨衛。

軍營附近有些稀疏的植被，沙土稍硬，有個地方植物生長特別茂盛，被我們稱為「湖泊」。因為整個軍營屎尿排泄物最終都到達那裡，那些養分讓沙漠裡有了塊綠洲。

越深入沙漠，沙土越來越鬆，踩下的腳步不斷下陷，每一步

都彷彿有人在拉扯著我的軍靴，讓人漸漸失去體力。我發現，若是一步步踏著前面人的腳步，他們踩過的地方，沙子會稍稍硬些。從腳印上踩過，能夠節省一些體力，美國中士英林後來也說了這個理論。而且另一方面，若是敵人發現我們的足跡，也不會看到過多的足印，無法從殘留痕跡來推算我們的人數。這次行軍讓我體悟到，未能親身經驗的事，永遠不該太早下定論。

很快我們嘗到苦頭，在沙漠行走的每個踏步、每個抬腿，沙子的黏如同有人壓著我的腳，步伐隨著每個腳步越陷越深。加上沙漠的高溫，很快便口乾舌燥，汗水迅速浸濕了衣物，並從上衣、褲子裡開始滲出。雖然在沙漠，卻又像在游泳池，池水就是我們本身的汗水，濕熱的身體加上燥熱的天，只能腦補自己去了三溫暖，享受著這份痛苦。

在途中只要休息指令一下，多數人直直往後一躺，連蹲下或是好好坐下的力氣都沒了，老實說這是很不專業的行為，畢竟我們得隨時處於戒備狀態，每個人須分別拿槍看著不同方位來確保隊伍安全。但是身體的自然反應卻沒能給我們思考的餘地，直到長官過來給每個人一腳，「別再裝死，去那裡，戒備那個方位。」腦海裡的三溫暖結束了，我是軍人。

在這裡，只要溫度和濕度超過一個界線，醫務所會掛上黑色旗子，意味著軍隊禁止離開室內，更禁止外出訓練。每天軍醫院的長官測量天氣狀態，前面掛著決定我們生死的旗子，但即便是黑色，我們的波蘭中士長也絲毫不理會法軍規定，直接打電話給軍醫院，請醫官掛上其他顏色的旗子，例如紅旗。

好多次集合時，我們明明都收到禁止運動的命令了，穿著整齊的軍制服，他卻說：「你們看到旗子是什麼顏色了嗎？」明明

一早看是黑色，但是當他一說，旗子已經換成紅色了，我們五分鐘內得馬上跑回去宿舍，全體換運動服，出發去沙漠長跑。

最炎熱的時候，幾乎每週都有士兵不支倒地。就像之前把侯德弄到中暑昏迷一樣，他覺得那就是達爾文提出的物競天擇，外籍兵團裡也只有最好的會留下，但是他的鍛鍊方法並不適用所有人，每回幾十次爬繩，幾百、幾千下伏地挺身、仰臥起坐，雖然他總是身先士卒，在前面做得最為標準，但是實在沒有人能夠像他一樣，到後來，只能想辦法在他看不到的地方，尋找機會偷懶，懷疑他根本不是人類這個物種。

受訓期間我們確實保持了運動習慣，即使溫度超標，每天早晨慣例長跑也未曾中斷；明明是日正當中，大夥兒集合排隊吃午飯，我們永遠不在，因為我們仍在體育場，要嘛正在爬繩，要嘛正在拉單槓，或是做以色列格鬥術訓練。

能夠想像在炎熱的沙漠中心運動的感覺嗎？我們第一次拉單槓，那時是中午氣溫最高的時候，單槓燙得如同火燒，但是中士長不管，訓練照舊。他自己先做了一組，手掌燙得起泡，我們以為可以不用做了，正暗自竊喜，但是他馬上下令，所有人戴上戰術手套，依舊鍛鍊，他也不例外。隔天，單槓上被纏上了一圈又一圈的醫用膠布，是中士長下令兩名士兵連夜處理的，為了讓單槓不再因日曬而燙人。

在阿布達比的全軍運動會，有法軍和剛成立的傘兵第五連，以及我們沙漠三排的交流體能競賽。不負眾望，我們拿下所有體能測驗第一名，光就爬繩這個項目，就領先第二名一半以上。難怪法國軍隊會說：「他們不是人。」

▌法國外籍兵團第二傘兵團沙漠作戰連三排二班（右四為本書作者）。

前進或死亡

成為沙漠中的唯一

在阿布達比的四個月期間我們有大概六、七次外出機會，但是每次外出都只有一天時間。民間營運的巴士將我們送離軍營，外籍兵團的我們，每個人都必須穿著襯衫及體面的外出鞋。但是與我們同行的法軍則沒有要求，花式太陽眼鏡搭配騷氣十足的熱帶西裝，甚至有人穿著運動服飾。

而緊接著第一次休假結束，就是為期三週的沙漠特種訓練。

我們做完城鎮攻堅訓練後，馬上戴上防毒面具去另一間房屋，裡頭也有埋伏等待我們的敵軍，我們得學習如何在炮火之中拯救傷患。教官會指定我們其中一人受傷倒地，並指定他的受傷部位，我們得以火力掩護，然後把他帶到安全地帶，再以快速、正確的方式對他施以救援。正如外籍兵團榮譽宣言：我們絕不放棄任何一個同袍。

這名教官曾經是傘兵突擊隊隊員，已服役二十年，曾去過阿富汗。由於我們都是小部隊敵後作戰，人數非常少，而且離基地遙遠，傷患若是嚴重槍傷，並可能帶著肢體骨折，處理好傷口之

後，他的生命就是與時間競賽。據他的親身經歷，傷患移送往往花上數個小時，當時他的四位戰友為了把負傷的他送至基地，期間從未放下過擔架，他不知道當時他們怎麼做到的，但他們順利挽救了他的生命。

任務中，戰鬥裝備再加上傷患，至少超過一百二十公斤，對任何人來說都是沉重的負擔。而現在的訓練，就是為了對別人和自己的命負責，因為在戰爭中誰都可能受傷。

特種訓練中有一段長達三十六小時不能進食、只允許喝水的強行軍，但是背包裡卻放了四大盒軍糧，就像讓飢餓的人負責運送食物，卻不允許他吃，背包如刀，感覺就要狠狠削下我的肩膀。我們努力前進著，眼睛望見沙漠裡翻騰的空氣，靴子裡燙得感覺腳已經熟了，原本起了幾個水泡，在昨晚扯下襪子之後直接弄破，每一步踩踏都是折磨，我的腳已從刺痛到毫無感覺。

不敢大口喝水，即使我無比渴望這麼做。就算喝了再多的水，也於事無補，只夠沾濕乾裂的嘴唇，等一下又會更加口渴。這時候不要跟任何同伴要水，不是不會有人給你，而是就算有人給你，你也不能拿，這種環境對每個人都是嚴苛考驗，當下他可能會幫你，但是你難保未來他不會後悔。

除了我們，這裡沒有任何人、任何生物，天氣炎熱到連蠍子都躲進了沙漠深處，在乾燥、枯死的植物旁可以見到大型動物的骨骸，難以分辨究竟是羊還是駱駝，路有「熱」死骨，沙漠早已帶走了牠全部血肉，殘破的骨頭是唯一生存過的痕跡。我感覺自己已經到達了極限，如果人確實有極限的話。

抵達集合點之後，我們要進攻法軍喬扮的恐怖分子基地，裡

模擬行動中擔任副駕駛，原來不用在沙漠行走、坐在駕駛艙是這麼令人愉快的事情。

頭可能有人質。已經有一隊人馬嚴陣以待，四處布置了陷阱，高度模擬真實的情形，甚至還有地下通道，只等我們踏進去馬上就有炸彈爆炸。

這也驗證幾週以來我們在城鎮作戰中心學到了什麼，尤其當戰士處於疲勞狀態，還能有好的表現，那才更加貼近真實。因為我們永遠不知道，將會在什麼情景下遭遇戰爭。

不論快慢，那些苦日子終有結束的時候，度過這些苦，我們一定會成為更好的自己。

▌在沙漠裡的掩體，FR-F2 狙擊步槍與我。

近身格鬥

從在科西嘉島準備出海外任務時，我們就開始接受以色列近身格鬥術（Krav Maga）訓練，假想街頭混戰的情況，練習如何以最有效的方式，在不同情景下進行打擊，不管對方持刀持棍棒，甚至多人群毆，都能夠全身而退。

但是學習格鬥的宗旨，不是讓人好戰，更非惹事生非的資本，而是讓人了解自己有能力做什麼，在特殊情況下保護自己和所愛。以色列近身格鬥術強調針對身體最脆弱的部位攻擊，例如眼睛、喉嚨、鼠蹊部等等，不是要我們學著如何與敵人空手打鬥，而是有刀拿刀，有槍不用拳腳，能跑則跑。旨在攻守合一，全力一擊之後能順利脫身。

以色列近身格鬥術的一級測試，由美國下士英林親自執行，為時三個鐘頭，號稱傘兵版本的格鬥測驗。說穿了就是先進行大量體能訓練，目的把人體能量消耗殆盡，在最後體力瀕臨極限時，閉上雙眼，等張開眼睛的信號一給，馬上有人展開攻擊，在這種條件反射下，考驗的就是人體的本能反應，而你的反應也是實際

▌通過以色列近身格鬥術訓練考核的弟兄們。

發生狀況時，你將採取的行動。

通過一級測試只是這門武術的入門，若拿到以色列近身格鬥術證書，加上證明身分的格鬥護照，就可以在世界各地的以色列近身格鬥道館自由免費訓練三十天，也不失為一個變相旅遊的方式。

每次訓練都讓我感覺身體機能到達人生巔峰，開發到了前所未有的地步。當然，這僅僅只是跟我自己比較，對於我們波蘭中士長而言，這些並不算什麼。

在做完考核之後，我正在拉伸手臂肌肉，中士長問我在幹嘛？

「我正在伸展我的肌肉，現在手臂相當痛。」

「但是你得先擁有肌肉才能伸展。」

沙漠中的特種訓練

　　休假回到軍營，常是連外出的便服都還沒能換下，我們就已經趴在地上做伏地挺身，中士長說這是讓人收心最好的方式。就算心裡本還裝著情情愛愛，現在已全然不在，只剩下應該存在的東西——對戰鬥的渴望，和不該卻存在的東西——對上級的恨意。

　　在阿布達比期間，我們也與法國正規軍一起受訓，平常待在傘兵島久了，不知道自己實力如何，出來與其他部隊比較一下也是不錯。某次測驗武裝跑八千公尺，是我加入外籍兵團以來跑得最慢的一次，總共花了一小時六分鐘。跑不到一半法軍已經很多人脫隊，美國中士英林要我們跑去最後面，所有人排成一列，激勵那些落後的法軍。

　　傘兵八千公尺的負重測驗，得穿著軍靴、戰鬥服再加上十一公斤重的背包，在四十分鐘內完成，只要跑超過四十分鐘就會被說成廢物，並且得負責連上所有的雜務。

　　測驗完武裝八千公尺後，下午就背著負重背包，頭戴鋼盔，穿著戰術背心和拿著法瑪斯突擊步槍，進行團體障礙測驗，四十五

分鐘之內完成才算及格。在槍響之後，以班為單位，跑進測驗用的建築物，裡面有許多特殊設計，先是匍匐前進，連爬帶鑽進入通風口洞，接著照指定路線跑，一路上有許多障礙，需要團隊合作才能通過的平衡木、爬纜繩，再從樓頂跳下，各種高難度的動作等等，在在考驗體力和團隊能力。

受測的有四個班，三個法國正規軍班加上我們班，他們先跑，途中三個人中暑，最差的一班跑五十分鐘，四十八分鐘排第二，成績最好的跑四十七分鐘。後來輪到我們，只花二十二分鐘就完成。測驗考官表情誇張地說：「不可能吧！」下一句接著說：「啊……對了，你們是 2REP（第二傘兵團）！順帶一提，這個障礙跑史上最好的紀錄是十八分鐘，是傘兵兩樓連幾年前創下的紀錄，你們還有努力的空間。」之後我們又再做了一次測試，但這次額外帶上了一箱五十公斤的彈藥箱。

特種訓也在此時展開。前面幾週在書本學到的理論，現在到了實踐的時候，像是如何在沙漠中考察地雷、解決飲水問題，或是城鎮作戰中需要預防的陷阱、如何安置炸藥、用什麼導線、如何編排等等。

在外籍兵團所受的任何「特種訓」皆是以苦聞名，有時一天僅有兩、三小時休息時間，有時甚至沒有，就這樣為期三週。我們永遠不知道下一刻要做什麼，但只要一個指令下來，我們就得想盡辦法做到。

每天都有大量的體育活動或障礙跑，其中一項是從三樓順著電線桿往下滑，但電線桿並非在觸手可及之處，多半距離屋頂有一米遠，儘管平常一米看起來不遠，但是要從三樓高往前跳再抱

住電線桿，那種距離感絕對不同。其他部隊有許多人沒有完成，「放棄」對他們來說並不是大事，但對傘兵來說，是不可能的事。

我到達屋頂時早已因為攀繩、爬槓等一系列大量運用手臂力量的活動而體力透支，在這裡我沒有餘力思考，也沒有餘力緊張，只能使勁全力往電線桿一跳，小腿脛骨與電線桿撞了好大一下，但是沒有時間感受疼痛，這些測驗都是計時的，沒有人想要排在最後。更何況，若是在戰場上，我們無時無刻不在行動之中。

障礙跑結束後，接著是實際沙漠演練，我們要在沙漠待上兩週。當天所有人領取物資、背上防彈背心，快速整理好行囊，便由運輸用直升機將我們送至沙漠深處，當時還是大半夜。行軍到了指定點，即使夜深，我們也得立刻開始偵察任務。在掩體後面的我，幾乎沒有任何食慾，剛開始的幾天我只吃得下水果軟糖和幾根能量棒。

接著幾天，有時候會突然遭遇敵人偷襲，沒能好好睡上一覺。警戒任務是難得能放鬆神經的時刻，只要負責警戒的人看好方位、確實回報，其他人就能趁機稍作休息。在這種大熱天，如果想吃個泡麵，只要把泡麵撕開加些水，放在太陽下不用十分鐘便可享用，但是在沙漠裡吃泡麵並不是很理想的選擇，因為泡麵需要水，泡麵的湯含有調味料及鹽巴也不能解渴，反而會讓人更加缺水。

在沙漠中最要命的時間是日正當中，下士的溫度表顯示五十八度的高溫，我們搭起遮陽布試圖抵擋炎熱，但是並沒有太大幫助，即使躺在人造陰影處，身體仍然大量流汗。瓶裝水因為溫度太高而難以入口，這時候下士表演了一項沙漠生存的必備技能──在沙漠創造涼水。先用浸濕的高筒軍襪套住礦泉水寶特瓶，

接著在遮陽布下找個不會日曬的地方吊著，一段時間後水就會變涼了。在沙漠裡，這真是神技！

為了抵擋酷熱，我們多半在夜間行軍，所有人排成縱列，每個人距離鄰兵超過十公尺，維持一線往前推進。這時途中有一位戰友倒下，在他倒下後，我們才發現早就少了兩個人。

我們留下一個人照顧倒下的戰友，其他人則原路返回找失蹤的人，才發現他們在上次休息之後就一直沒跟上，在沙漠某處睡得正甜，只不過是行軍途中的五分鐘休息，他們已經入眠，而且沒有人注意到。我們若是就這樣一直沒發現，把他們忘在廣大沙漠之中，等他們美夢初醒，發現沒人在旁，想一想還真是危險。

夜間行軍最讓人期待的便是早晨的紅日從地平線升起，沙丘的形狀映著光芒，陽光給沙漠染上了絢爛，這是太陽最友善的時刻。我見沙漠多嫵媚，料沙漠見我應如是。

全副武裝
在沙漠練護身倒法

　　這天，葡萄牙中士帶我們行軍到沙漠中的靶場。全副武裝，穿著法軍的老式防彈背心，肩背沙漠色野戰包，常規打靶完後是計時射擊競賽，距離百米到五十米左右放置了幾個障礙物，我們必須得在指定的幾個定點，用規定射擊姿勢射中目標。

　　因為是計時賽，如果不好好表現，肯定沒好果子吃，每個人都摩拳擦掌，且這些射擊測驗對於狙擊排來說尤為重要，表現影響到每個人的評分，而評分則能決定你的升遷，以及選擇專長培訓的先後順序。

　　剩下最後兩個障礙物時，葡萄牙中士就站在後面盯著，我覺得我是以最標準的姿勢，如同迅雷跑過他身前，但是他的目光似乎不在我身上，原來他正盯著扳機位置，確保你在射擊間隔的移動過程中，扳機保險依然處在關閉狀態。可惜的是，我的保險沒關。我直接加入了中士身後那群正在做伏地挺身的人，到最後我們大概有三分之一的人都趴著。

中士說要我們「滾」！以傘兵護身倒法的標準姿勢滾，滾到百米外的靶位，再接著滾回來。他先為大家示範了一次，然後我們得照做。

模擬跳傘著地時落地翻滾的護身倒法，首先得在離地面五十米左右準備衝擊，膝蓋稍微彎曲，先是腳掌著地，接著小腿外側、膝蓋、臀部、背部依序著地，腿伸直在空中畫出圓弧，倒地時轉至身體另一側，盡最大可能卸掉衝擊力。葡萄牙中士做出猶如教科書般的標準動作。

不同的是，他僅做一次示範，而我們得做到海枯石爛。我們可以放下戰術背包，但不被允許卸下老式防彈背心。太陽火力可是毫不留情，溫度高燙得所有沙塵都變得炙人，百米的距離變得遙不可及，活脫像是身在阿鼻地獄。好幾次我瀕臨極限，真心希望能倒地不起，最好的結果是能夠體面些讓我中暑倒下，但不幸的是，這些都沒有發生。

很快，汗水混和砂石沾滿全臉，灰頭土臉的日子過多了，這本來也沒什麼，只不過累了一些。可是當我轉身看向其他沒犯錯的人，他們已經開始在陰涼處用餐，此刻汗水流下，不禁沾濕了我的雙眼。

讓我吃驚的是，當我們在沙漠中完成操練後，立即進行了戰鬥模擬訓練，而我竟完全把身體疲勞拋諸腦後。不論身體是否疲勞難耐，當我看見前方，訓練的一切內容成了本能，身體毫無壓力，一切動作自然而然，大腦反應甚至更為迅速。

當身體認定自己已經到達極限，有趣的是，大腦感官反而更加活躍，試著把自己推到邏輯極限之外，它會帶給你難以置信的

感覺作為回報，身體快感會讓你勢不可擋，不受任何干擾，那是每個人本身具備的未開發潛力。

等一切完畢，終於回到房間，當我費力地把衣服脫下，才發現整片腹部已經被防彈背心磨破流血。

超越自己的極限，是挖掘潛力的唯一途徑，身體及心理一切未知的可能性，感覺就像置身另一個維度。如果活著沒有感受過這種痛快，那是很可惜的。

狙擊手下士與佩特羅

　　當時在小組裡，我們的組長格拉提是名狙擊手專長的摩爾多瓦下士，剛受完兩個月狙擊手培訓。法軍的狙擊手配置重型狙擊槍 PGM，這把重狙是法軍特種部隊曾經在阿富汗戰爭中使用的狙擊槍。

　　除此之外，在我們小組裡，每個人都得熟悉三種武器：FR-R2 狙擊步槍、傘兵型 Minimi 機槍和單人輕型榴彈發射器 LGI。我們得把這三種武器的資訊全部記牢，如此一來當有人員受傷，其他人也隨時能拿起他的武器頂上。

　　行動中，觀察及蒐集情報是第一要務，為了不被發現，必須保持沙漠偽裝，有時在沙丘爬行，踩在沙丘往上爬，走兩步陷下一步，還不能垂直往上爬，而是切面爬行，像是閃電形狀 Z 行走。

　　爬上沙丘，接著尋找廣闊的射擊角度，安營紮寨的地方得有全面視野，還得具備靈活性，隨時能轉換位置，尤其不能暴露在敵人視線範圍之內。

　　時常，我們都是以小組的配置行動，可能脫離大部隊幾個小

時，甚至幾天，而且處於近乎獨立的環境，負責自主行動及小組的安全。

帶著 FR-R2 狙擊步槍是讓人歡心的事情，因為確實輕盈。比起重型狙擊槍 PGM 配上彈夾後足足十七公斤，那是天差地遠。但是格拉提組長也從不將他的武器假手他人，這點我是佩服的，即便我對他的好感早已消磨殆盡。

他總是精力充沛，就算是所有人都已經筋疲力盡的時候，他也不尋常地亢奮，很多人說他是有嗑藥的。他時常連著三天不讓我們睡覺，白天照常訓練，把人當畜生般看待，還會拉著你的耳朵大吼。尤其是對佩特羅跟我，明明我的假名這麼短，他卻每次都喊我中國人，才一個音「Hou」真的有這麼難說嗎？

跟他在外地訓練，明明其他新兵跟我的服役時間都差不多，但我一定是站哨時間最長的那人，如果有什麼苦差事，我也不需思考，就知道會落在我頭上。

有次，我被他揍得很慘，幾天不讓睡覺之後，走在他身後我一路都在找石頭，打算一看到就拿起打他後腦勺。在沙漠裡也是，每次站哨我都會盯著找毒蠍子，如果讓我找到，我會毫不猶豫放進他的睡袋。

而我來自羅馬尼亞的朋友佩特羅，他是那些非常有趣的傢伙之一，生活中很少見的叛逆者，也是蠻聰明的一個人，總是在社交上毫不費力，很有自己的想法。

他入選的過程很特殊，其實在他第一次徵選法國外籍兵團時，費盡千辛萬苦，卻得到了永不錄取的答覆。他當時在兵團總部附近的馬賽，窮得連回去的車票都買不起，一個人身無分文流浪在

街頭。一個外國人在法國誰也不認識的情況下，連落腳的地點都沒有，如果不加入兵團，他幾乎就成了遊民，茫然徘徊在外，思索自己往後該如何度日。而為了生活，那段時間他遇見了收留他的法國阿姨，她的小孩都比他大，他們當時卻是情侶，說穿了就是包養關係。

很多人不像我們，生活在相對富裕的國家，即便不是富人，也至少衣食無虞，資訊蒐集也容易許多，而他們是真的背棄一切，破釜沉舟就為了加入兵團。運氣好成功入伍，拿到鐵飯碗；運氣不好，可能連回家都成了難事。

被淘汰並沒有改變他想加入法國外籍兵團的決心，透過這些時間的準備跟訓練，想辦法滿足加入外籍兵團的條件，只希望能有機會成為外籍兵團成員，效忠外籍兵團，也即便有天可能在戰鬥中奉獻生命。

於是佩特羅自己寫了一封自薦信，並在法國外籍兵團的卡梅倫日上，竭盡所能地要見兵團的將軍。

「我的將軍，我的將軍。」他在人群外大聲呼喊，幾乎像個鬧事的狂徒。

他擠入人群，走到將軍面前，彆扭地行了個軍禮。

「有什麼事慢慢說，像個男人一樣挺起胸膛。」所幸將軍並不介意他的唐突，反而認真聽他說話。

「我的將軍，在這段等待期間，我經歷了一段艱難的時期，我把一切都拋在腦後，但我想加入這支強大菁英軍團的願望和動力，給了我繼續下去的力量和勇氣。」佩特羅說罷，把自己的自薦信遞給將軍，就這樣取得了第二次徵選的機會。

第二次徵選，對他而言也是最後一次。這一次他徹底把握住機會，順利進入了兵團。

　　在這裡，我們都恨那名摩爾多瓦的下士，恨到想置他於死地。因為當時我們都被弄得很慘，不只因為我們是新兵，還因為我們是反坦克排的人，而長官和其他人都是狙擊排。

　　我們一起在下士的餐盒裡加過料，比如在沙拉裡小便，佩特羅還把蘋果往自己屁股擦了些褐色的東西。沙漠嘛，食物裡染上些砂土也很正常。

　　摩爾多瓦與佩特羅來自的羅馬尼亞這兩個東歐國家，在文化和政治上，有著說不清道不明、難分難捨的關係。「簡單來說，摩爾多瓦人會說羅馬尼亞語也會說俄語，而且我們同血脈、同文化。」這是那位下士說的。在兵團裡常常會把這兩個國家的人認錯，甚至歸類為同一國人。但是他玩起佩特羅時，毫無同胞情誼可言。

　　常常有這種例子，有些本身沒什麼大本事的人，在國外只能欺負跟自己說著同樣語言的同胞，需要幫忙時稱同胞，但是一轉身逮到機會，就為了利益而弄起自己人，有時甚至不為利益也會弄你，下起手比誰都狠。

沼澤之歌

　　在阿布達比的最後時刻，新來了一批接替我們的法國步兵連，他們在沙漠裡的首次行軍——八公里的輕度行軍，全部二十六人，十二個倒下送醫，而且倒下的全是男生，其中有幾個女兵反而堅持了下來。十月的天氣已經溫和許多，比起我們來時動輒五十度的高溫相比，現在已經是秋高氣爽的季節。

　　回來之後，我與他們稍微交談了一會，他們一開頭就問我們在首次行軍時倒了幾個？我說：「沒有人倒啊！」

　　來阿布達比的四個半月，一開始剛好是伊斯蘭教的齋戒月，恰好又是最熱的時候，而我們進行最嚴酷的沙漠訓練、城鎮訓練、爆裂物訓練、三十六小時斷絕糧食的強行軍，緊接著攻堅行動，在城市廢墟裡的屋頂睡了兩個星期，晚上隨時可能有假扮的敵人來襲。有時晚上，踏著緩慢沉重的步伐，唱著曾經屬於犯人的歌曲〈沼澤之歌〉（Le Chant des Marais），歌詞確切反映了我們的心，在廣大沙漠、了無生機的土地中，鐵壁包圍著的生活，每日除了無盡的勞動，什麼都沒有，已經全然沒有生命的希望。然而一切都暫時告一段落，兩天後我們將坐上回法國的軍用飛機。

〈沼澤之歌〉是首禁歌，在法國外籍兵團已經禁止傳唱，但是許多士官依然會把這首歌傳承下來，因為就如同軍隊傳唱的所有歌曲，它們都代表著一段歷史。我們在軍營邊繞邊唱，不斷唱著這首歌，從清晨直至黃昏，再由黃昏直到夜深。

〈沼澤之歌〉寫於一九三三年七月至八月，由納粹最早的集中營傳出。根據軍事習慣，警衛要求被囚者唱歌，尤其是在通往沼澤的路上。在充滿強烈凝聚力的苦難環境之中，以及在脅迫下無止盡的勞力工作，即使身心遭受虐待，也保持希望。這首歌在各個集中營之間流傳了將近十二年，啟發了許多歌曲，直到納粹主義在一九四五年消亡。

於苦難中鬥爭、抵抗、保持尊嚴和希望的歌，在戰後廣為流行，常常能在反戰遊行中聽見。

遠至無限延伸大片沼澤地，
乾燥空心的樹木上，沒有一隻歌唱的鳥兒。
哦！困苦之地，我們必須不斷勞動。
在這個險惡而荒蠻的營地中，被鐵牆包圍，
我們似乎生活在大沙漠中間的鐵壁裡。
哦！困苦之地，我們必須不斷勞動。
腳步聲和槍響，哨兵晝夜監視，
還有鮮血、尖叫聲、眼淚與逃亡者的屍體。
哦！困苦之地，我們必須不斷勞動。
但是我們生命中的某一天，春天將重新綻放。
我們可以歌頌自由，親愛的。我會說：你屬於我。
哦！自由之地，我們可以在那裡再次生活、相愛！

Part 4

換團前訓練

回到科西嘉島

當我一閉上眼睛，就會看見廣闊沙漠，感覺乾燥的風吹拂臉龐，無論我在哪裡，沙漠生活依然活在身上。

每次海外任務結束之後，有個更讓人滿心期待的事情，那就是終於要放長假。這次我們放三個禮拜的假，不過不能離開法國，而且護照仍然不會給你，我們會使用軍人證作為身分證明。軍人證的優惠不少，尤其在大眾運輸工具上，像是坐火車，我們僅須付四分之一的票價。

而且這次回到法國，原本排上的幾位一等兵都升了下士，那位尼泊爾的小個子，原本私下常常一起吃飯喝酒，他總是笑臉常開，而現在卻變得臭臉且不近人情。以前也沒有什麼過節，還以為我們是朋友，但是他要我們不要跟他說話，除非是公事。我知道他想取得一名下士應有的威信，但是他的方法卻不是好方法。

在部隊沒有人會尊敬無故張牙舞爪的人，除非你本身應得這份尊敬。我覺得可能是他個子小，所以稍顯自卑，沒有肌肉給予自身的安全感，而越是如此，他就越渴望獲得敬重。

相較而言，跟他一起升下士的俄羅斯人賓薩，我還更喜歡他，哪怕我們先前打過幾次架。如今，他反而越把你當男人看待，那是不打不相識，武人相重相尊敬，能夠直接感覺出來的。所以他的命令，我總是二話不說馬上執行。而且當我遇到麻煩時，他會替我出頭，哪怕是其他俄羅斯下士找麻煩，他也幫我擋著。

　　有次週末大掃除，所有人都必須拿刷子與髒汙奮鬥，那時候整條走廊都是泡沫水，而我也在負責刷走廊，對我而言這種清潔工作已經算是閒差了，但是當他看見我在刷走廊，把我直接叫出來，到二樓狙擊排的某俄羅斯下士房間。剛開始我以為他要給我苦頭吃，心裡剛想這次放假臉蛋不能乾淨出行，得多帶幾塊烏青嗎？結果不然，他先幫我端了一碗自製的馬鈴薯雞腿湯，說是俄羅斯風味料理，然後親自幫我開了一瓶啤酒，拿到我面前敬了我，說：「要喝多少冰箱自己拿，等下看他們差不多打掃完畢，你再下樓就行。」

　　平常做事大家都很迅速，但是若說要放假，整體速度還能夠有所提升。從燙衣服、整理行囊，到洗完澡噴香水，所有事情一絲不苟，如迅雷閃電。

　　但是沒有離開軍營前，放假都是不成立的。直到我坐上科西嘉航空飛機，狠狠打自己兩巴掌，才確認自己不是在作夢，確實已經離開軍營，然後是久違的、無與倫比的安心感。

肌肉與武器口徑
成正比

　　假期結束後，我即將開始米蘭反坦克導彈訓練課程，培訓長達一個月，由俄羅斯排長擔任最高負責官，好幾個連隊派人參加這個培訓，一共有二十多位參加者。雖然法軍已經研發出最新的MMP 反坦克導彈，但是還沒能配置下部隊，我們還是末代米蘭的使用者，早在二〇一六年就有人說很快法軍便會全面配置 MMP，但是直到我二〇二〇年退伍，也沒有等到那一刻。

　　米蘭反坦克導彈是由射擊員目視瞄準，鎖定目標移動軌跡後射擊，搭配半自動追蹤系統，米蘭一式以紅外線引導，米蘭三式以信標標記，射擊員透過導線遠程控制導彈移動。有效射程三百米至兩千米，導彈離開發射台二十五米之後才可能爆炸，確保不會誤炸自己；另配有夜間紅外線瞄準器，讓黑夜作戰也如同白晝。

　　第一週在卡爾維進行理論課程，期間禁止使用手機以及其他通訊設備，違者輕則寫檢討報告，重則退出培訓。

　　儘管我們在理論課階段，早晨還是一如往常進行體能訓練，且強度比平常加大了不少，因為作為一個米蘭反坦克導彈射擊員，

並不是熟知理論知識和使用武器就能勝任，體能是最基本的前提。米蘭反坦克導彈手就像台灣俗稱的砲兵，非體能頑強者不能擔任，至於為什麼？因為肌肉與武器口徑成正比。

理論課程期間，早上是穿著軍靴長跑，要到真的跑不了了、腿已經不再屬於我才能結束。運動完緊接著就是上理論課直到中午，有時候午飯前我們會再去運動一次，儘管早晨的強度訓練已經讓我們全身痠痛。

某次武裝負重跑時，我沒有整理好十一公斤的背包，明顯感覺一邊輕一邊重，一千五百米熱身跑時就感覺不對勁了，但是八千米正式測驗開始前，也沒時間再次整理背包，不平衡的負重讓我在跑的過程覺得下背部一直很痛。隔天測驗障礙跑，原本預計跑一次記錄成績就好，但是我們跑了三次。再來跟著德國中士庫魯斯跑步，他跑得像個瘋子，外加爬繩四次、做了兩百多下伏地挺身以及腹肌訓練，想展示給我們看他的體能有多麼好。

某個禮拜四早晨，天空微微飄雨，二連的中士帶我們去跑步，二連的長官很多是出了名變態，果然名不虛傳，跑了特別硬的路線，跑過了第二水塔，又繞去另外一座山頭上的聖母教堂才折返，一半以上的人都落在後面，我也落到中後的位置，下士羅恩跑到我旁邊大喊：「衝啊！別忘了你是戰爭機器！」

週五我們跑了三圈跳傘區，中士庫魯斯就像輛保時捷，三秒提速到時速一百公里，而我就像是台產裕隆汽車，太為難我了，實在跟不上啊！明明我們是現代的法國外籍兵團，他卻想沿用二戰期間納粹的訓練法，把我們當成德國軍隊來訓練，跑個步就算了，常常懲罰得我們連滾帶爬，一下子學鴨子走路，一下子匍匐前進、起立蹲下或背起戰友跑步。

體能訓練後我們得上導彈課程，法語授課已經讓我很吃力，還有許多需要牢記在心的數據和理論知識，但是由於身體太疲勞，導致我們有些昏昏欲睡，在這種情況下還要吸收知識實在太難。

不過我也因此練就一身本領，比如無論多麼疲勞的情況下，都保持眼睛睜開，有時候即使大腦提醒我馬上要斷電了，但是理智會警告我，睡了會有可怕的下場。有些士官在課堂上看到有人睡著時，會讓你做伏地挺身至極限再超越極限，或是毫不留情地賞你一巴掌，不一定他親自動手，有時候會要求左右兩邊的人代打，並且體罰全部的人，因為其他人沒有監督彼此保持清醒。再不然，拿來盛滿的水桶直接倒在瞌睡者頭上，再加上晚上不讓睡覺、罰寫檢討報告。

有時我真的累到瀕臨極限，我會拿筆戳自己的大腿，或者死命折手指關節，或是咬舌頭試圖清醒，哪怕我累得只剩下空洞的軀殼，靈魂已經不復存在。

在傘兵團，所有的訓練課程都很困難，尤其是重武器訓練，像是重型狙擊槍、重型機關槍、米蘭反坦克導彈等等，期末測驗都得扛著它們跑八千米。一般八千米負重跑都是全副武裝加上十一公斤的背包，還有我們最愛的法瑪斯突擊步槍。期末測驗時，射擊員要負責扛導彈發射台，米蘭一式導彈發射台重十六・四公斤，常用的米蘭三式導彈發射台則有十七公斤重；替補射擊員則扛米蘭模擬用導彈，也有七公斤左右。

這一趟負重長跑下來，體能再好也累成狗，體能不好的，就不會待在我們偵查支援連。

成為米蘭反坦克
導彈射擊員

緊接著一週後是野外移地訓練，我們去到山上的訓練基地，在那裡進行實際操作，一旦遠離軍營，也代表著長官將更無法無天。

山上仍是滿地積雪，氣溫異常的低，我們沒有太多禦寒的衣物，在這種氣候環境下繼續訓練，一邊訓練體能及山地作戰，同時一邊熟悉反坦克導彈在各種地形的實際操作。

背著導彈不是一件讓人欣喜的事情，即使知道這是價值十萬歐元的武器設備，也難以滿懷感激地做這件事，因為我們背上那些重量，在行軍時會把肩膀壓得毫無感覺，上半身近乎全麻是常態。

日子過得緩慢無比，二十多位學員裡，已經有六個人因傷退出，連我當時要好的墨西哥朋友老夏，也在第一次長途行軍後肩膀受傷，幾天內右手完全舉不起來。另一位某特種部隊退伍後過來的荷蘭新兵，他也提出放棄，並不是體力無法負荷，說實在的，他的體能狀態強過多數人，卻連他也放棄，可見我們所面對的是

超越人體極限的操練。但是長官不可能平白讓他退出，即使他已明確表達他不只是要放棄現在的訓練，而是打算放棄在外籍兵團當兵。長官回答他：「你會完成這個實習的。」他重新回到我們的行列中，從此之後上級抱著把他「整到逃兵」的態度對待他。

在實習中每個人多多少少想過要放棄，想拋下一切當個逃兵，但是想法限於腦袋裡，一旦說出口，那可就不一樣了。

跟我們排長一起訓練，爬山鑽道是常態，他沒拿太多東西，我們卻得帶上所有裝備。在這種背上米蘭反坦克導彈的行軍時，有許多東西需要分配，比如誰願意拿無線電電台、夜視儀、夜視儀替換電池、導彈用氧氣瓶等等，即使負重只多出一公斤，但走了十幾公里山路後，就會發現那一公斤有多重，前後感受真是天差地別。

當時與我同組的還有個俄羅斯人和法國人，拿東西的時候我想義不容辭拿更多，但法國人卻搶過去說：「你包裡東西已經夠了，這個我來。你改變了我對於中國人自私的看法，我特別欣賞你，如果需要幫忙儘管說，你不需要獨自硬扛，你還有我們這些隊友。」

某天整個下午都在下雨，潛行到山上的射擊地點之後，我透過導彈瞄準儀觀察道路，等待目標經過視野可見的地方。

在雨中等待數個小時，只為了最終一刻的到來。當目標出現，手指因為長時間受凍幾乎按不下發射按鈕，好不容易順利按下之後，卻因為過度用力而一度偏離軌道，幸好在後來的遠程操控過程中慢慢導回，平時的訓練成功體現，順利命中目標！

一旦結束射擊，得馬上迅速撤離，因為若是有敵人，他們已

前進或死亡

經知道我們的方位；若是碰上俄羅斯 T-90 坦克的反偵測系統，只要我們一對準它，四秒內坦克砲口就會自動轉過來對準我們。

接著行軍到轉換地點，換上紅外線瞄準器，在山頭制高點觀察一晚。隔天排長用無線電說：「山下徘徊著兩輛裝甲車，它們裝備著感應器，你們之中選出兩位最優秀的射手，如果命中目標，將會有卡車在山下接你們回去；如果任務失敗，你們就得行軍回去。」

經過一夜未眠，一整晚透過瞄準儀偵查可疑地區，雖然沒有目標出現，但是一晚的高強度警戒，使得我的肩膀痠痛，眼睛又乾又澀。早晨開始轉移陣地時，走在結冰的岩石上，才走兩公里多的時候就跌了一次，導致小腿脛骨處腫了起來。我實在不想再走了。

所有人都已經疲勞不堪，我們之中推舉出的兩名射擊員，是冷靜睿智的義大利人和我，這時候被推出來，並不只為了榮譽，也是為了所有人。

為了提振精神，一到定點後，服役時間最短的人馬上生火煮咖啡，這次的咖啡粉分量遠比標準更濃，勢必要讓我們集中僅剩的所有精神，此時不容絲毫錯誤，只許成功，不許失敗。

就位等了幾個小時之後，原本亢奮的心情慢慢被倦怠取代，但是往往這就是現實，我們永遠不知道敵人何時會來，可能苦等幾天都不見任何蹤影，我們唯一能做的只有耐心等待。恰如猛虎臥荒丘，潛伏爪牙忍受。

已經幾度開始打瞌睡，這時候目標才出現，心裡的警鐘立刻敲醒了我，潛伏多時的腎上腺素在此刻爆發，即便全身肌肉緊繃，但是心情始終沉靜。瞄準、操控射擊台、快速以無線電通知敵軍

動向，最後確認允許開火。一發命中，馬上撤退，一刻不留。任務圓滿了，我們也終於不用走回去了。

在培訓接近尾聲的最後一週，我們幾乎沒有片刻歇息，除了學會操作米蘭反坦克導彈之外，還有許多理論層面的東西得記住，最重要的是，得熟知各個國家的坦克車及各國的武裝車輛，包含其來自什麼國家、基本數據、火力數據、乘載人數上限、有何弱點等等。這段時間得不斷看大量的坦克照片，還有上課提到的近百種武裝車輛，想辦法記住它們的特徵，直到透過瞄準儀偵測時能快速辨認出來。

另外，每個人得在模擬發射台至少打滿六百發模擬導彈，最後兩週平均每天測試六十到八十次，而且命中率須達到八成以上，才能成為合格的米蘭反坦克導彈射擊員——得到這份榮耀後，也代表著以後得常常在肩膀上扛著它。

▌生命的顛簸，正如裝甲車後座。

　　　　　　　　　　　　　前進或死亡

▌在裝甲車裡頭隨時得戴著頭盔，否則很容易被撞到頭破血流。

換團前訓練

跨越國界的
刻板印象

在米蘭反坦克導彈培訓時，睡在我上鋪的是烏克蘭人阿瑟，他以前是名醫生，但是在烏克蘭從醫的報酬並沒有在法國當兵優渥。他經常抽時間打電話給家人，休息時間好幾次都看到他正在與家人講電話，表情總是難以言喻的幸福。

某次我問了他一個問題：「為什麼你那麼強壯？明明也沒有看見你多做訓練啊？」

他煞有介事地思考了一下，臉色一沉說道：「一九八六年。」

「嗯？那年怎麼了？」我感到不解。

「車諾比核爆就在那年，輻射導致了基因突變，之後我便只需喝水就長肌肉。」抽了一口香菸，把煙緩緩吐成憂鬱的圈，他若無其事地說。

那是明顯的胡扯，但是看著阿瑟渾身強健肌肉，我也沒立場吐槽。離開傘兵團後再次見到他，已是我在辦退伍離開的最後手續時，那時候我們都服役了五年，他看著我說：「兄弟，看到你

沒事真好。」

他拿著手機指著照片裡其中一個小孩，「這是我剛出生的女兒。現在她都三歲了，我卻只看過她一次。上次回到家，小孩們看到我，就如同看見了陌生人，都認不得我了。而且原本這麼高的孩子，回去一看，身體足足長大了兩倍，你不會知道這幾年我到底錯過了什麼。接下來我打算把老婆、孩子們都接來法國生活，到時候在這裡隨便打份工，在醫院先從基層醫護人員做起也行，我不會再錯過陪伴家人的時間了。」

在法國當兵吧，先不說該怎麼遇到另一半，擁有一名家人也是難事。我們若假設有伴侶的前提，但伴侶不是法國人，那首先需要面對的就是簽證問題，而且服役五年內，所有人都必須維持單身，這是強制規定。哪怕外出放假不小心搞出人命，也別想結婚，甚至可能面臨牢獄之災。而且每年假期有限，常常也會有變動，說不清什麼時候就有突發行動，或者因為訓練而耽誤假期，放不到該有的假屬於常有的事。

感情這東西，再怎麼堅定有時也還是敏感，需要兩個人都用心花時間相待，見不到面的感情很容易動搖，加上不能時常聯絡，一旦出外訓練，就得失聯好一陣子。若無法在需要的時刻陪伴，哪怕愛得再怎麼真切，也得承受現實的涼薄，我們在部隊裡，每每喝酒，酒到深處總有人說願有情人終成眷屬，即便那份愛情並不屬於我們。那時我也盡可能不與任何人聯絡，包括我的家人，因為不願別人牽掛我，偶爾閃過幾個回家的念頭，也很快就掐斷。

另外一位日本戰友，名字就不便提起了。他是我們連上偵查排的人，平常僅有一面之緣，但因為都是亞洲人而對彼此較有印

象。他這人相貌平平，臉上也從不流露多餘情緒，平常我對他的印象還算好，就是沉默寡言了些，且他只跟日本人侃侃而談，在其他國家的人面前始終一言不發。他第一次來找我講話是問我：「請問一下，你們排上的日本人在嗎？我想請他喝酒。」這日本哥們對我來說就是個沉默孤僻的人。

隨著時間久了，一起訓練時交談了幾次，他屬於重機槍組，是名符其實的一號重機槍手。另一名老資歷的西班牙下士說，當時在受訓的時候，整個排十幾個人輪流打靶，其他人打中的靶加起來還沒這日本哥們一個人打得多。

但是這樣的重機槍好手，在排上卻備受排擠、被故意欺負。連他們波蘭排長都刻意排擠他，認為非我族類其心必異。都在外籍兵團了，這種情況理論上來說不應該存在，卻難以避免。

後來他逃兵了，我可以想見他在我們部隊不受善待的情況，他也為此做出了選擇。後來再聽說他的消息，是另一名日本戰友轉述，他已經到了南美洲，在那裡加入了更殘酷的地方，真正拿命換錢的傭兵場所，也許對他而言那才是他最好的歸宿。而且，他曾經是福島核災後，進入核電廠的敢死隊志願者之一。不僅僅是不畏懼死亡，他那始終鎮定的神情，彷彿對周遭事物淡然。因為有些事，總得有人去做。

外籍兵團形形色色的人很多，來自世界各國，從他們身上我學會的是：別輕易對人妄下定論。

很多人都會在自己無知的領域作出短淺的言論，把看低他人當作提高自己的方式。而這些你隨意看輕的人，你除了他們如今的面容之外，事實上對他們一無所知，而他們可能是那些真正的

英雄，曾在你無緣見到的戰爭中拚上性命。

在部隊裡，許多高層會以貌取人，僅從外表判定一個人的優劣。例如是不是長著討喜的白色皮膚，是不是跟高層本身來自同樣的地方等等。每個人多少都會對他人有些刻板印象，這很難避免，即便我們完全生活在一起，有時候也難免產生思想上的對立，因為意見不同而起摩擦，這些都是必須接受的。

我們這裡來自東歐的人非常多，甚至有時候用俄語比法語更加管用，有一些下士法語不好，做事的時候專找會說俄羅斯語的人，然後讓他們負責管其他人，而且他們有時候特別排外，久而久之這裡東歐的人就越來越多，其他地方的人越來越少。像是在傘兵團幾乎看不到黑人和阿拉伯人的存在，可能有，但也是百中存一，並且受盡歧視。

在我們之中，往往亞洲人也受盡歧視，但是因為性格刻苦的原因，即便吃盡苦頭也能撐過去，當然，這些多餘的、不必要的苦頭，並不是任何人應該承受的。有時候在這裡的不舒適性也可看成一種海外社會的縮影，至少在法國時常是如此。

在外籍兵團其他部隊就少有這種情況，當我後來換到第十三半旅時，最初就因為有很多黑人同事而吃驚。在第十三半旅，我的室友就是名黑人，而且在部隊裡算是比較聰明的人了，他還是連級無線電負責人之一，其他戰友法語不好，許多事情常常得勞煩他——小如為同伴申辦醫療保險，大到替中士以上的級別寫信投訴。他幾乎像是智囊一般的存在，不能說他是最聰明的，但是辦事確實可靠，而且是唯一法語母語者，還受過大學教育。在這個極不講理的地方，我們曾是少有的知己。

傘外也許時有風暴，但傘內的世界依然美好。

摺傘培訓

傘兵的三個基礎技能訓，分別是負責部隊伙食的廚房培訓、音樂相關的吹軍號培訓，還有摺傘培訓。很多士官總說：「你是中國人就得去廚房，你自己看一下，每個部隊是不是總有中國人在廚房做事，廚房輕鬆啊，以後你還可以去巴黎開展個廚房事業。」

雖然我也喜歡在部隊廚房裡看到亞洲面孔，如果會說中文更好，因為他們會願意幫我多盛一些；逢年過節偶爾還能收到幾瓶部隊餐廳的紅酒。有時候沒東西吃，還可以晚上去蹭口飯，江湖救急一下。

但是不是所有亞洲人都想去廚房，我說，去廚房做事不是我來法國的目的。最後我選擇的是最累的摺傘培訓。

在法軍的空降部隊裡，只有兩個單位有自行摺傘的傳統。一個是我們第二外籍傘兵團，另一個則是位於新喀里多尼亞的太平洋海軍陸戰隊（RIMaP-NC）的傘降團。

摺傘培訓為期六週，歸後勤單位管，我們的頂頭上司是一位

法國女中士長。我們只有睡覺時依然在自己連隊上，因為一早起來就得去培訓單位——降落傘維修及降落傘準備單位。培訓期間，我們會學到四種降落傘的回收工作，包括機台的使用，以及把使用過後的降落傘重新摺好成可用狀態。

　　早上我們會先跑步，基本上也是跑十幾公里山路，但是節奏不會像戰鬥部隊那樣，好像每次跑步都得跑到有人掉隊，然後再狠狠操他才肯罷休。

　　女中士長每次帶隊跑得也絕對不慢，她是屬於身材修長的跑者體型，如果認真跑步，應該連我也跑不過她。跑山頭的時候，她會讓我們全力衝刺上去，那個時候她不會跑在最前頭，畢竟單比爆發力，還是我們更勝一籌。即便身處後勤培訓，我們每個人依然維持著戰鬥部隊的本能，在長官面前拚命表現。尤其當長官還是個美人，那表現得當然是更加賣力。

　　負責摺傘培訓的則是位中士，還有幾位下士長與下士幫忙管教。剛開始，由於語言問題，我還不是很上手，常常出錯。摺傘對於出錯是零容忍，因為結束摺傘訓前，每個人都得背著自己所摺的降落傘上飛機，即便出錯降落傘打不開也沒關係，因為這輩子也只有一次機會犯這樣的錯誤！這個培訓很累，但是所有人都打滿了十二分精神，因為長官放話：「自己跳的傘，自己摺。」這也是專屬所有摺傘員的結訓儀式。

　　剛開始，每天得摺好十五個降落傘，到後來每天得摺二十五個，只要摺完負責的數量，就可以到休息室坐著滑手機。後勤長官們沒事不會來休息室打擾你，而且其實說是休息室，倒不如說是酒吧。我們休息室裡就有摺傘廠裡唯一的吧台，吧台後頭有個

小冰箱，有時候還會擺上一些簡單的零食。不過上班期間是不能飲酒的，至少明面上不能。

　　把使用過的降落傘重新摺好，要注意的細節頗多，一套操作程序由兩名摺傘員一組，各自負責兩道工序，並由負責的下士把關。總共會有四道檢查，畢竟是關乎性命的工作，絲毫馬虎不得。如果稍微做錯，對人破口大罵是家常便飯，有時候則是中午飯後沒有休息時間，直接上工作台。

　　負責我的一位俄羅斯士官，我不知道他有什麼毛病，我只清楚知道他對我充滿敵意及蔑視。一開始他沒理由地就是不喜歡我，說話不好好說，看人僅用斜眼，總是故意讓你犯錯，又不想把你教好，反而是一味謾罵，還想讓所有人都覺得我是個天兵，想辦法讓我被其他人排擠。

　　「由於這個中國人不斷犯錯，你們今天的午休全部取消了。如果再犯，我不排除讓你們用午休時間理解『désherbage』（雜草防治）這個單字是什麼意思。日頭正盛，相信你們不會有心欣賞科西嘉島的豔陽，摺傘廠外、彈藥庫附近，那邊可都是離離原上草，別逼我讓你們去徒手拔草，直到寸草不留。」

　　好笑的是，由於摺傘的第二道程序結束之後，我們得在紙條寫上負責檢查的下士名字，再塞進每個降落傘包的小口袋，而我竟把他的名字寫錯三次。因為正值夏天，我們在摺傘廠裡都只穿T-shirt，所以沒辦法看到軍用外套上的姓名名條，而且他的名字真的太長了，足足有十多個字母，就算他唸過幾遍，我還是不知道該怎麼寫，除了我聽寫還不是很好，他的口音也實在不行啊。

　　所幸沒有人排擠我，即便我們都是不同單位抽調而來，彼此

原先不認識，且因為我的進度落後，導致跟我一起摺傘的同伴比別人更晚休息，他們也沒有因此排擠我。

而由於摺傘最後一道程序，需要綁強力橡皮筋在傘繩上，我的手指頭後來已經磨破皮，但是為了不拖累進度，只好每天在手指關節貼上膠帶。說實在無異於對傷口二次傷害，受傷處不但不能透氣，摺傘的時候感覺像是拿手指摩擦砂布，但是不貼膠帶也不行，只能等到後來，手指長繭才好一些。

培訓期間，早上到廠集合完後，士官們會選擇他們要帶的學員，處處針對我的俄羅斯士官今天並沒有選擇我，我也是鬆了一口氣。這天，我跟另一位曾一起訓練過的英國人格斯一起工作，他給我看了一張屁股燙傷的照片。

進來連隊之後，每個人都得經歷自我介紹（Présentation）的傳統，英國人的專屬介紹方式是：把衛生紙塞在屁股（長度約半個手臂）像是炸彈的引線，打火機點燃，並且馬上乾完一瓶啤酒，喝完前不能把火熄滅。

「屁股非常嚴重的痛。」因為還沒乾完酒他就把火弄熄，現在他每天得工作直到熄燈！這讓我想到我們新訓時的英國下士侯韋，很多人跟他比賽誰能最快喝完一瓶啤酒，而敗者得請所有人喝酒。從來沒有人贏過他，也多虧有他，當時我們喝了不少免費啤酒，現在我終於知道為什麼他可以喝得那麼快了。

經過幾天忍辱負重，我對整套摺傘流程已經了然於心，也多虧被針對，讓我越來越少犯錯。原本總是最晚休息，到後來每次我都是第一個進入休息室，這時候我聽見那名俄羅斯士官罵其他人。

「你這婊子，還是中國人速度快，那中國人比你好多了。」自始至終這混蛋都不知道我的名字。明明我的名字比所有人都短，才三個字母「Hou」，但是他還是稱我為中國人。似乎所有亞洲面孔在他面前都是中國人，無一例外。

　　直到有一次，女中士長當著所有人的面誇獎我，因為我法語講得好。在那之後，這名俄羅斯士官才不吝嗇他的稱讚，連忙拍中士長馬屁，順帶誇獎我，說他早已慧眼識珠，覺得我真不錯。

　　熟練整套流程之後，我被稱為「machine de pliage」（摺傘機器），因為我的效率是所有人裡面第一。

　　做完基礎培訓，每次跳傘季，我們常常會被輪調到摺傘廠幫忙。當時女中士長親自私下詢問我是否有興趣加入他們單位，如果我說好，她會親自向我們單位長官要人。要知道這可是所有人都會羨慕的後勤爽缺，也沒有戰鬥部隊那套絕不讓人好過的原則，而且這裡大家同工同酬，少了許多爾虞我詐，也不搞連坐懲罰體制，但我還是忍痛回絕了。

新官上任

　　原先的俄羅斯排長卸任，我們的排長換成了一位南非人凱爾。排長凱爾以前是四連的支援排排長，四連專長在於夜戰與城鎮戰。

　　這是我第三次看到這位南非長官，第一次是我完成跳傘培訓時，他是我們的頂頭上司，當時他負責指揮培訓單位。第二次是在阿布達比，我們在接受美式降落傘訓時，他是我的直接教官，但是我們當時有上百人混合訓練，我想他應該不記得我。

　　我以前對他唯一的印象就是看起來很兇，長得一副天生來做海盜的樣子，講話的聲音非常大，在做美軍傘訓時，他所有的指令都是用吼的，當我們回答，他會側著臉指他的耳朵，意思要我們再大聲一些。其實他不是故意吼人，而是因為他的耳朵因為長期的射擊噪音，而喪失了一部分聽力，如果不大聲說話，他確實聽不到聲音。

　　不過他上任之後，我的好日子來了。他把我叫進辦公室談話，問我為什麼當兵、學歷如何，還有對我們部隊是否適應，以後想做什麼培訓等等。

我說我是為了成為一名強悍的男子而加入第二傘兵團，說我是如何嚮往當一名真正的軍人。他對我的一切回答都頻頻滿意點頭，直到他問我是否志願去圭亞那第三步兵團。

我挺起胸膛說：「是，我的中士長。」

他愣了一下，略帶失望，他說：「Hou，你可知道，你的檔案很不錯，年度評比一直都是優，而且智商還是他媽的滿分。但是如果你有換部隊的想法，我往後就無法重用你了。畢竟誰也不想辛苦栽培的人，最終去了其他單位。」

我說：「長官，我還會在傘兵繼續服役，直到成為一位優秀的士官，接著我才會為了增加更多實戰機會以及不同的作戰方式，而考慮調換單位。但是若兵團需要，我願意去任何最危險的地方。」

排長凱爾說：「這份申請名單，我會寫上你的名字。但是最終決定權不在我，而是在更上層的團級單位，我個人希望你繼續留在我們單位。我很看好你，你很聰明，相信你會給排上帶來改變。」

新官上任免不了的下馬威，但是排長凱爾並不做那套，在他手下做事，才會發現他是非常幽默的人，而且他有很多突發奇想，想著怎麼更輕鬆地迎接挑戰，而不是不知變通，一味遵循老套的訓練。

他又叫我進去辦公室，一進去，他說：「嘿，放輕鬆點。這次我想給你一個特殊任務。」我說：「是，我的中士長。」

「我知道你來自台灣，台灣製造業是很出名的。我們傘兵總是需要長時間行軍，所以我想你去幫我看看，台灣的工廠能不能

訂製這個人力推車？來幫助我們山地行軍時搬運重型裝備。如果試用可以，我會向連長請款，並且把這個設計提給團裡。放心，你看要多少錢，只要不超過這個品牌原先的價格，都好說。」

接著他展示了一些他的軍事物件，「這個東西是我自己發明組裝的，下面的尖刺用於探測地雷，上面的部分有紅外線標示，用來識別友軍。還可以再加上一個把手，就會直接具有刺刀功能，而且已經開始配置於幾個特殊單位了。」

凱爾是少數的聰明人，同時他也是團裡手槍射擊的常勝軍，他在射擊專項和反坦克上真的很專業。比起體能，他更重視對於課程的理解。如果拿到一樣武器，他會跟你說上許多要領和冷門的知識，許多應該也是他自己摸索，或是以往前輩留下的老經驗。

「我給兩週時間。如果能談妥，隨時來找我。」當下我有點受寵若驚，這是要被排長重用的節奏啊，搞不好以後能當上排長心腹，那就要過上好日子了，往後隨便呼風喚雨，小人得志啊！

隔天早上集合，要著軍裝長跑，這是讓人討厭的訓練項目。原本以為會很硬，但是跟凱爾排長跑步比想像中還不累，因為跑步似乎不是他的強項。這非常的適合我，因為跑步也不是我的強項。我心想這是非常好的開始呀！如果不是像上個排長瘋子一樣的拚命快跑，我可以跑到天昏地暗。

話說回來，相比我還算順利的會面，我的好友佩特羅狀況則不太樂觀。佩特羅說新排長凱爾並不喜歡他。

我說：「不會吧，新排長人還是很親切的啊。」而他則提出了完全不同的看法，「苦日子要來了。」他說。

加拿大黑幫分子

好日子確實也沒那麼多。這天下午，突然就說要整裝出發並在野外過夜，我們馬上領槍、領防彈背心、領反坦克導彈，野戰背包準備好，我當時心裡毫無準備，還以為可以舒服地躺在床上。

沿著科西嘉島海岸線往北，不知道目的地為何方，只知道防彈背心加野戰背包真是重，每組導彈三個人輪流背，一個人拿腳架，一個人扛砲座，一個人背導彈本身。砲座是最重的，大約每半小時左右就得交換背的人。

海岸上的石頭很滑，已經被海水沖刷得很平整，白色的月光投影在海面上，不時還有海水灑到身上，我心想，如果不是在行軍，而是跟女朋友在這悠閒看海該有多好？

晚上的能見度非常低，而且不能夠用燈，行軍剛開始我們就遇到了入海口的長河，必須得穿越它，但是讓軍靴在一開始就濕掉，實在不是什麼好選擇。

而我還是低估了排長，什麼叫人狠話不多，他直接找了個不是很深的地方下河，我們只好跟隨，並小心不要在河裡跌倒。但

還是有人跌倒了，跟我同組的加拿大新兵突然「啊！」了一聲，接著整個人連同砲座跌進水裡，我心想「完了」。倒不是為他擔心，而是每次出事，必將殃及池魚。同組的人是生命共同體，即便在訓練之中，我們也不能拋下任何一名同伴。

這名加拿大新兵，他有過開槍前科，在外面或許也算呼風喚雨的幫派角色。但是在此地，這些都不算什麼，最多可以充當談資，因為來這裡，就算是龍也得盤著。軍隊裡，很多人都不服，但是軍隊就專治不服。

隔天休息的時候，下士不滿這名加拿大新兵，體能都不好了還在抽菸，直接罰他做伏地挺身。

「班長，我抽菸不會讓體力變差，醫生說抽菸會改善我的心律問題。」

二話不說，下士一腳直接往他身體招呼，「你以為我不是醫生就什麼都不懂，抽菸能改善心律，你當我是白癡還是什麼？」

「我看得出來你仍然留有體力，但是你卻在行軍時候掉隊。等下回程，你全程負責最重的砲座。」

我親眼所見，一個瀟灑飛揚的臉龐，瞬間染上了滄桑。我不由得有些同情他，但是這也是必經之路，每個人都得歷經回爐重塑的過程，除非你一開始就是剛正不阿的軍人，並且能在這過程中也不被環境改變。

記得當時我們連的宿舍正在整修，所以我們排搬到後勤單位借宿，那是靠近大海的海景房，就在軍團大門口旁邊，只要一打開窗，便是面朝大海、春暖花開的景色。

我成為了房間室長，負責管理我房間裡的兵，便剛好管著這

加拿大兄弟，所以他常常對我吐露心聲，套關係之餘，也希望我可以對他管教寬鬆些。跟他聊天我也樂得開心，當作難得的練法語機會，因為我們這裡法語母語者可真少，我們連上士兵階級的法國人不超過五個，但是我們連總共有一百多號人，這個比例真的太少了。

這加拿大新兵也是我們之中，唯一在科西嘉島交到當地女朋友的人。這點不得不佩服，比起多幾個榮譽勳章加身，我更願有個女朋友，乖乖當個人生勝利組。

在卡梅倫日當天，他的女朋友也來到軍營，他滿心歡喜地準備要見女朋友，在廁所刮著私處的毛髮，對歐美國家的男人來說，刮私處的毛髮已經是主流，但是這小兄弟刮完之後還不滿意，竟然敲著浴室門，高呼其他戰友，幫他看看有沒有刮乾淨？

我進去浴室之後，發現他呈現著一個奇怪的姿勢，兩腳打開，頭在胯下，手拿刮鬍刀在刮自己屁股的毛，這個姿勢真的叫人無法直視。當然，就算看他蠻有障礙的樣子，我們也無論如何不會幫他這個忙，而且我真的很想懲罰他做伏地挺身。

卡梅倫日結束後的週末，他約大家一起去沙灘。他女朋友開著車來到軍營門口，我們一出軍營，就看到一位戴著方形墨鏡、手托著汽車車門、看起來英姿颯爽的女性。

這加拿大大哥邁出步伐，直接在我們面前捧起女朋友的臉蛋，開頭就是激情擁吻，毫不顧慮我們其他人的感受。

我們乘著車，帶著週末愉快自在的心，沿著科西嘉島西岸一路向南，海岸線的美麗風光盡收眼底。最終車停在路邊小徑前，順著小道走，沿途的樹都被海風吹歪了，但生命力依然頑強，不

會被強風、烈日、暴雨，還有我們這些路過時粗魯的「撥開雲霧見青天」的開路法擊倒。

走到了道路盡頭，這是片無人沙灘，海岸上布滿厚厚一層鬆軟海草，足以淹沒腳踝，有些甚至都曬得風乾了。仔細看，沙灘上依稀有些小螃蟹在鑽來鑽去，和各式各樣好看的貝殼。我們鋪上野戰防雨布，席地而坐，拿出背包裡依然冰涼的啤酒。

此時的加拿大大哥又擁吻了起來，應該說吻著沒放。我們的玻璃心碎了，被現實殘酷凌虐，卻無力反擊，只能被動挨打。明明他才是最菜的兵，卻把我們徹底虐爆。

法國大陸演習

　　每次能夠離開科西嘉島的機會，對我們來說都是移動的盛宴。我們搭郵輪前往法國大陸，這次來到位於法國東南方的軍事基地，做為期一個月的任務演習，這個在半山上的基地比我們傘兵營區大好多，基地前的路邊還有二戰時期遺留的坦克。演習中，有幾組測試官隨時跟在我們身邊，為我們的行動評分，而我們代表了傘兵的顏面，只能成功不可失敗。

　　在這次任務演習的最後，還有米蘭反坦克導彈的實彈射擊，因此凱爾排長要選擇我們排上最優秀的四位射擊員代表參加，我也在其中，而且我是其中服役時間最短的。其實壓力有些大，射擊距離為最遠的一千九百公尺，也就是說，我們需要操控導彈，直到命中目標為止，千萬不可以晃動，連稍微手抖都不行。作為射擊員，這不僅僅是份榮譽，也是責任，我們代表著的是我們單位的榮辱。

　　實彈射擊之前，我們乘坐機動裝甲車，先到指定射擊點埋伏好。暫時都是模擬射擊，有些安裝了感應設施的敵軍假想敵車輛

會經過我們的觀察點，我們得在他們通過可射擊範圍時，迅速無線電報告敵軍動態、方位、車輛型號，然後請求開火。這個時間點分秒必爭，因為道路上也有許多障礙物掩體，甚至森林樹叢，因此敵車駛過可見道路的時間可能就只有幾秒鐘。但是若沒有收到指示，我們是不能夠隨意開火的，常常也為此錯失良機。

軍用車輛辨識的知識也在此派上用場，必須要區分各國的裝甲戰鬥車、裝甲運兵車及裝甲坦克，在戰場上才能確實了解敵軍情報，以免耽誤軍情，甚至誤傷友軍。

透過瞄準鏡看東西，即便是一輛坦克看起來也很小，但有幾種簡單的軍用車輛辨識技巧，可以觀察車輪數量、履帶、車身跟砲台，還有每種型不同的特點，盡量自己在筆記本上畫圖，並寫下車輛的資訊。

要透過不斷的練習，因為軍用車輛足足有上百種需要記住，並且也是測試內容之一。不過我們不可能在演習過程中，實地見到除了法國軍用車輛以外的車輛，因此只能透過不斷看圖，記住每種軍用車輛的型號，以及服役的國家、主武器、副武器、可承載人數等等資訊。

正值冬天，每天乘坐 VAB 裝甲輸送車，在各個山頭轉，那一套安裝導彈的流程，也已經摸得不能再熟。

夜色朦朧，夜晚也有夜間的演習，每個人安靜無聲地待在裝甲車內，享受可以休息的時光。在裝甲車後方，車長半身露出車外，看著路況的同時，也給駕駛指路。裝甲車後座還有兩名步槍手一樣探出身體，警戒後方的左右方向，即便在行駛過程，也隨時保持身體一半在外。在演習時這不算什麼苦差事，就是站久了

▌VAB 裝甲運輸車的叢林偽裝。

▌在 VAB 裝甲運輸車裡，戴著防毒面具演習。

腿會痠，但如果是在戰地，就有被狙擊的風險。而裝甲車前的副駕機槍手，則是負責短距離交火時，第一時間的火力壓制反擊。

每輛裝甲車能夠帶兩組反坦克導彈小組，我們得占據制高點，提供大部隊第一線觀察情報，而且若是我們負責火力支援的單位還沒有就定位，其他步兵攻擊單位不能夠輕舉妄動，得要等我們確認安危，上頭才能讓步兵前進。我們除了負責攻擊之外，最重要的就是情報偵查。

負責我的組長是名日本人，他的服役時間已經接近四年半，但是仍然是一等兵。說來也奇怪，他種種培訓成績都很優秀，體能也不差，在我看來唯一的缺點，可能是太過害羞，不擅長在人前表達自己。這點在軍中容易被放大對待，即便不需要時刻爭奪話語權，仍然要展現出積極進取的一面，適時表現很重要。

除了實力之外，也講究運氣，好比千里馬也要遇到伯樂。沒有人看見的悶頭苦行，即便行千里，也只能算是體力好，遠不如在緊要關頭時，一騎絕塵來得有效。

偶爾有些空閒時間能夠閒話家常，他告訴我，他想要去加入日本自衛隊，但是由於年齡限制，如果今年再不加入就來不及了。

「Hou，你認識傘兵兩樓連另外一個日本人嗎？」

「我知道，是全身紋滿了刺青的那位大哥。」

我們部隊的日本人實在不多，很容易就認識上，我甚至有跟這位哥們一起喝過酒。而且政治上，他們對我們還是挺有好感的，當時我的女朋友也是名日本女生，有時候我都會跟日本人請教幾句日語。

「你知道他以前是做什麼的嗎？」他冷靜地說著。

「我不太確定，雖然那位哥們看起來像是黑社會，但是人還挺親切的，每次見到他都有說有笑。」那名日本哥們他兩臂花臂、兩腿花腿，活像是電影裡面走出來的日本黑道。

「不是的，他以前是在特種產業工作。與富婆尋歡作樂，被富婆包養的那種。」原來他曾經是午夜牛郎，長著最嚴酷的面，撒著最溫柔的嬌，這個落差也太大了。

後來，我這名日本組長真的如願回了日本，並且在超過限制年齡之前成功加入自衛隊，順利完成了他的夢想。而那名日本哥們，聽說放假逃兵了，真是天不從人願，我本來還想請這日本哥們喝個酒，拜師求藝、好好了解一下，說不定和他學得幾招，能夠少奮鬥個三十年啊！

定向越野與
實彈射擊

　　早晨在森林區裡跑步找點，也就是所謂的定向越野（Course d'orientation）。規則是在一個半小時之內，在表格紙上印上至少二十個目標，每個目標有其對應號碼，在表格紙上有最少戳章的人，得買兩箱啤酒孝敬長官，如果有兩個以上的人有最少章數，兩人都得買兩箱啤酒。每個人自備手表和指南針，並且每五分鐘出發一人，避免大家一起作弊，若是超過一個半小時還沒回到出發點的人，不能跟大部隊一起搭車回去，得用跑的回營，約十公里。

　　把人丟到森林裡，迷失方向對一般人來說再正常不過，但在我們這裡是不被允許的。我們正是為此訓練，且這次的定向越野還不算特別難，而最後結果有五個人超過時間，得要跑回營，沒有藉口，在軍隊裡，規定的時間就是鐵律，不能有一分一秒延誤。

　　我們坐在車上，透過車窗，眼睜睜地看著五個人追趕著車子。剛跑完定向越野，大家都有點小累了，實在慶幸自己不是在車外

跑步的人。

最後一公里時，排長下令：「現在多一條附加規則，跑最後的人，得洗排長的內褲。」五個跑步的人頓時奮起，誰也不讓誰地一路狂奔，直到營區前，五人之間都還是非常貼近，沒有任何人順利拉開安全距離，也沒有人被落下。他們就好像前面的跑程都不累的樣子，開始精采的最後衝刺。

結果是名巴西戰友最後到，不過當他氣喘吁吁跑完，兩手還撐著膝蓋，喘著大氣的時候，他馬上說：「砍了我的手吧，絕對不洗！」

▌定向越野，某個目標藏在海礁石後面。

任務演習最後一週，只剩下最重要的實彈射擊。早上是全軍大集合，法軍任務指揮官發布最後的指令，除了我們外，還有無數的單位一同進行任務演習，也是不同兵種打配合的時候。

看著其他軍隊跟我們不同的帽子，有特別大、邊緣呈扁狀的暗色軍帽，藍色、紅色貝雷帽等等。而我們的則是綠色貝雷帽，代表法國外籍兵團，法軍中最獨特的一支部隊。

被派出代表反坦克排的我有兩次射擊機會。作為米蘭反坦克導彈射擊員，打完每顆導彈後，你可以保留導彈前的黑色橡皮繩，繞在頭盔外面。這是專屬反坦克單位的殊榮，象徵你打過的實彈數量。如果沒記錯確切數字，最多看到有人放了十四條，那是名服役已久的中士長，我也有幸被他訓練過，反坦克單位有很多他的傳說。

我點了點頭示意，這時候不需多餘言語，只要發揮正常訓練水準，放任身體自然發揮，做出所受的訓練動作。已經把整本訓練手冊謹記在心，所有的名詞定義、導彈發射前後的可能情況、可能的射擊意外，每個步驟全部都記好，測試官會在我們身後隨機考察。

一名俄羅斯下士是我們組長，他說了一句：「只許成功，不許失敗。」這時已經是晚上，在所有射擊員裡，我排在第三位，在我前面的兩位都是滿靶。

等到出發的口令一下，一組人帶著整副反坦克導彈火速跑到射擊點，安裝導彈的過程如同身體反射，沒有浪費一分一秒，也時刻保持最大程度的隱蔽性。

透過瞄準器，靜候目標出現，在視線範圍內，任何風吹草動

都映入眼簾。等到目標出現，瞄準目標的同時迅速回報，保持準心隨時在坦克車中後端偏下的引擎位置，而若是以色列梅卡瓦坦克，引擎則是在前端位置。等待發射令下，平穩按下發射鈕，以坦克行進速度保持追蹤，直到命中。

心臟猛跳彷彿要跳出胸膛，中了！緊接著迅速撤離，跟在俄羅斯下士身後，一直到集合點，我們才聽到順利命中的通知。

我們的成績出乎意料的好，幾乎能達到等級五，有史以來還沒有任何部隊達到過。如果我們六位射擊員都沒有人出任何射擊意外的話，等級五能說是確定了，而這份殊榮將把我們帶去遠方的戰場，證明我們是頂尖的戰士。可惜的是，有一顆是未爆彈，還有另個戰友沒有如願打中目標。

演習結束後，我們享受著烤肉的美味，按照慣例，士兵階級的我們，每個人都得拿著開好的酒瓶，遞交給官位高的長官，確認每位長官都人手一瓶之後，我們才開始拿起屬於自己的啤酒，並且敬所有的人一輪，這也是結交其他單位人員的好時機。

有時候上級也會集體過來敬酒，這時候凱爾排長過來了。

「乾杯。」我們挺直胸膛，跟排長碰瓶，盯著排長眼睛表示尊重。

突然排長問日本老兵：「你頭上的橡皮繩呢？」

「我的中士長，我上次把頭盔借給巴西人巴多羅斯，還回來之後，就沒有橡皮繩了。」

巴多羅斯趕緊回道：「我的中士長，報告，上次我弄丟了橡皮繩，但是我已經作了賠償。」

「什麼，你賠了三萬歐元？」因為一顆導彈的價錢是三萬歐

元左右，排長瞪大眼睛，保持一貫的幽默。

　　他的賠償是請了一箱二十瓶的啤酒，當然這跟橡皮繩的價值無法相比，因為榮譽對軍人來說是無價之寶。不過也還好，畢竟橡皮繩仍究是身外之物，自己知道自己的經歷就好。

▌排上的慶功宴，這種活動每個月都有，相較國軍禁酒令，法國外籍兵團則
▌是逼你喝酒。

佩特羅逃兵了

　　這禮拜六我們是自由的，早晨十點從軍營出來，能待到晚上十一點。法國人侯德從早餐就開始喝酒，硬要我們陪，喝了兩杯之後，稍微在山城裡逛了逛，是個不太大的小城，人口也偏高齡化。

　　午餐時間，找了間普通的土耳其烤肉 Kebab，雖然不是在地特色，但也是能湊合著吃的平民美食，接著休息不到三十分鐘，又回去一開始的小酒吧繼續喝酒。這時所有同伴不約而同都到了這兒，該在城裡辦的事都辦完了，可想而知，剩下的事情就只有喝酒了，狂飲豪飲，所有人都輪上一輪酒。

　　佩特羅開始搭訕鄰桌客人，毫不意外地成功了，拐了三個女生過來跟我們同坐。雖然長得並不算漂亮，摩爾多瓦戰友杜卡甚至不停在我耳邊小聲說：「天啊，她們也太醜了。」我們和那些女生聊了一會，有說有笑，還有女孩投懷送抱。不過她們喝了幾杯之後就走了，走前給我們都留了號碼，我想大部分人都不會撥打，可是誰知道呢？

之後我們開始吐糟傘兵的生活、長官對我們的態度，還有我們部隊的制度如何使得這裡像是一座監牢，生活既不自由也不有趣。佩特羅不知道為什麼突然說，他要逃兵！

我們大家於是半開玩笑籌錢給他，沒人把他的話當真，每個人都給一些，贊助他旅費，到後來氣氛激昂，就像真的要把他給送走。

大家多喝了幾瓶啤酒，原本以為是玩笑話的事，想不到他早去意已堅。

他是無比認真的。那時我們正好在法國本土受訓，只要一搭上火車，天高地遠任君行，即便逃到歐洲其他國家也不是難事，畢竟在歐盟境內，邊界管制並不嚴格，去哪裡都方便，就算沒有合法身分證明也可能通過。

晚上十一點集合的時候，他沒到，排長讓我們在小城裡地毯式搜索。我負責去火車站，但他並不在那。

好吧！我們一同吃苦，也一同享樂，我在心裡祝他好運。

那夜還是滿月，月是別時圓。當堅持的理由再也抵不過離去的念頭時，就是離開的時候。

一段時間之後，我們又聯絡上。他去了某地當雇傭兵，還邀請我一起，偶爾放假去賺個外快。對於待遇，說得我是蠻心動的，不過要去阿富汗和伊拉克這些國家工作，他是說不危險，但是誰知道呢？

一直到我退伍之後，我在大學裡面上課，還能夠收到他的訊息。

「大哥，我現在是名學生，我在學戲劇。」我跟他說。

「什麼？你一個法外二傘退伍的在學校學戲劇？別跟我開玩笑。」佩特羅貌似很震驚。

　　「沒有啊，我確實在大學裡學戲劇，以後我要當動作演員。」

　　「哈哈哈，你還是過來我們這裡吧，我們需要你這樣的人。比起與其他人共事，我還是更加信任你。」他嘗試說服我，但我還是不打算入夥。

　　「我知道你是什麼樣的人。但是這轉變未免也太大了，我還以為你是要去大學找漂亮女朋友。」果然，知我者，佩特羅也。

異於常理的聰明

在人事調動前，面見上士長是必經的一關，幾乎人人都會被刻意刁難，他是團裡服役最久的人，平常罵人絲毫不留情面，猶如機關槍般掃射，性格非常兇。換團前，我來此交還裝備，在我前面的人才剛從辦公室出來，表情就像掉進糞池一樣，想必是被罵到懷疑人生了。

「傘兵是個大家庭，為什麼你想要離開我們家呢？」上士長的語氣意外平靜，但我能感覺出來，他沒有要給我好果子吃。

「法國外籍兵團就是個大家庭，我仍然在家裡，只是換了房間。」泰山崩於前而色不變，我神色自若。打從進來辦公室開始，我的所有舉動都表現得可圈可點，關門、走正步、敬禮，始終一副絕無僅有的標準好士兵模樣。

「第一次遇見這麼會講話的亞洲人，要你當士兵真是屈才，你應該去當個軍官，因為你與法國軍官一樣擅長花言巧語。」

「我不喜歡聰明人，那些以前跟我一起來法國的聰明人，沒有一個留下來的。」這句話本身似乎就表示了他自己並不聰明。

在外籍兵團服役時，我很難理解像上士長這樣一直待在軍隊

前進或死亡

裡的人，畢竟在大量勞動，甚至多數時間都在不正常操練的情況下，凡是有點聰明、頭腦正常的人，都不會選擇繼續待下去。

這讓我想起了有一次我跟培訓認識的德國戰友談話，他正在執勤，手裡有槍，中士庫魯斯經過我們身邊，用德語講了一句話，我那個朋友表情本來就很嚴肅，聽完之後更是臉色一沉，我問他：「剛剛中士說什麼？」

「你不會想知道的。」然後緩緩說了一句：「他叫我在你的頭上開一槍。」

在軍隊裡遇見的人，有些是十足的混蛋，若是在一般情況，我一定不會想與其深交，甚至有些鄙視，即便不到想為民除害、恨不得殺之而後快的地步，也相差不遠。但某些情況下，一旦遭遇危險，或在任務之中，我會毫不猶豫為其擋子彈，而且我想對方也會為了我這麼做。因為無論如何，我們是同一個軍團的戰友，我以生命保證他們的安全，而他們也要負責我的身側背後。這是我在軍隊中學到的，不同於一般人際相處的道理。

軍隊有時不是個用常理思考就能理解的地方，尤其是人性。當然不是說只有笨蛋才會來當兵，說起來其實矛盾，但是每當我仔細思考為何來部隊之後，就會明白這些人——我們這些人，每次在肩上扛著只要有些許理智就不會想嘗試的重擔，即便不堪重負，卻為何仍能保持榮譽感，低首邁步如與魔鬼同行。

其實我能理解為什麼中士庫魯斯對我如此不滿，因為正常來說，我已經可以去做升官培訓了，但是我卻想換團，哪怕原先的排長甚至以續簽三年為條件，要安排我去做中士培訓，我都不曾考慮。三年待在科西嘉島，有陽光沙灘相伴、跋山涉水的生活，已經足夠了。

絕不後悔

　　我在傘兵團的時候，包含我在內的華人大約有十個左右，相較於外籍兵團其他部隊，算是少的。我們連上在我來了之後，接著又來了兩位中國新兵，雖然我們彼此分在不同的戰鬥排，但總的來說已是傘兵團裡華人最多的連。

　　在法國當兵不能總說自己的母語，不然永遠無法學好法語。只不過當大家舉目無親，我們算是少數說得上話的人，平常不在訓練的時候，也會互相鼓勵一下，坐下來喝杯啤酒、聊聊天。

　　兩名中國新兵其中之一，紐約大學畢業的他，離開學校後順理成章找到了一份報酬頗豐的工作，每天穿西裝打領帶，每年底薪十萬美金，還能享有分潤，在美國也算是很不錯了。但是他卻捨棄那裡優渥的生活，選擇離開辦公室，來到法國外籍兵團，還來了最艱難的傘兵團，拿著僅有過去薪水五分之一的報酬。

　　「我不後悔啊，因為在辦公室坐著不是我要的生活方式，與其盯著電腦螢幕一整天，做自己不愛做的事情，我更喜歡到軍隊裡面磨練，這才是有血有肉的生活方式。」

另一位姓陳的新兵則是來自廣東，與家裡通話時，操著我完全聽不懂的廣東話。那時候他的法語很差，一起站哨的時候，我負責解釋命令給他聽，盡我所能幫助他，讓他不會因為聽不懂命令而被懲罰。他在我們三個之中，是最嚮往軍隊生活的一個，立志當個狙擊手，可惜被編排負責重機槍，想要換專長也沒能成功。後來，當我們兩個到了第十三半旅，我在一般戰鬥部隊，他志願參加特種選拔，最終進入了第十三半旅的特種單位，也是那個單位裡唯一的亞洲人。

　　眼前的苦不是罪，凡事得勇敢面對。陳弟兄以前做過讓一生後悔的事，所以他把這裡的生活當成餘生贖罪，並老是說著人不能忘本，既然生為華人，就不丟華人的臉；沒有吃不了的苦，那是信念，更是信仰。他在網路上的名字為「白起的浪漫」，在古代，白起是一個戰神，浪漫的由來則是因為人世間充滿苦難，保持浪漫才能把一切看淡。

　　連隊裡的華人多了之後，除了有人一起用母語聊天之外，打架也有了助力，至少不會像以往發生打群架沒人幫忙的事情，若誰出了事，大家都知道。說這些話並不是鼓勵打架，而是不會任憑自己人被平白欺負。若不是軍人的料，那就任其逃兵吧！但既然成了我們的一員，戴上傘兵的徽章，那便是兄弟，不會任其孤立無援、任外國人欺負。

　　雖然我來自台灣，可是當時這群來自對岸的人對我還是很包容，只有少數人總是喜歡把政治掛在嘴邊。既然已經到外國當兵，何必還談論政治？但若誰願意相談，我也從不避諱自己的立場。

　　先前提到的華人兄弟吳鑫磊在二〇一六年退伍，同年退伍的

還有另外一名黃中士，他們都為法國服役十年，十年都待在科西嘉島的第二傘兵團。

中士級別以上的人，如果沒有結婚，也選擇不在營區外面留宿的話，軍隊有提供簡便的單人宿舍，讓他們可以不用住在部隊多人房，如此一來他們就能待在營區，每天只要下達完命令，沒事就可以回宿舍休息。不過沒事的時候，大部分的人都待在俱樂部，傘兵團俱樂部的生意比在法國本土的部隊要好得多，一方面是因為我們確實需要酒精，另一方面是我們也沒有其他選擇。平常要外出很難，出去了也沒有事情好做，除了夏天之外的三個季節，卡爾維幾乎杳無人煙。

黃中士就住在軍隊的單人宿舍，我們說中文的一夥人，會在週末時去黃中士的房間喝酒。來自大江南北的人聚在房裡，有些人帶來家鄉當地的特色酒，有些人買來俱樂部的啤酒，有些人則負責烹飪食物，一名戰友打著赤膊料理醬爆牛肉，幾個人負責撬開生蠔，都是海邊最新鮮的生蠔，直接可以就口品嘗，或是佐一點檸檬汁去腥。

那天黃中士說了很多感傷的話，兄弟間說話並沒有什麼矯揉造作，只有真性情的相待。那時候他決定要退伍，若是他再續簽，那年他就能升中士長了，可是他在巴黎有個家，家裡有等他回去的人，他的夫人放話：「若是再續簽，回來巴黎後就沒有家了。」所以他決定退伍。我們問他會後悔嗎？他笑了。

「不後悔，做了這個決定，就算十年後我淪落巴黎街頭搬磚頭維生，也不後悔。」

Part 5

第十三半旅

調離傘兵

俄羅斯下士賓薩知道我要換團時，當下他很激動，緊緊拽著我，一臉認真地說：「你得在傘兵待著，若你換團，今天晚上等你睡著，我會拿刀割開你的喉嚨。」我知道他不希望我走，畢竟我們也有不打不相識的革命情感，即便原本互看不順眼，現在卻是真兄弟。

還記得志願前往傘兵時，兵團總部歐巴涅的長官對我們這群志願者的尊重，當時有個士官長說了一句話：「第二步兵團是個好軍團，而第二傘兵團是最好的軍團。」

然而在服役三年後，第十三半旅遷團法國本土，我也調到了這裡，剛開始這裡幾乎百廢待舉。團部所在位置地勢較高，氣候嚴寒，在十二月的寒冬，連下了三個月大雪，但是屋內並沒有暖氣，也沒有洗衣機，訓練完衣服容易髒，常常得手洗衣服，手指關節因為冷水幾乎凍僵。士兵居住在老式宿舍，許多設備都是壞的。

不過等到我調過來的時候也算比較晚了，幾個戰鬥連隊都編

制完畢，不像一開始那麼缺員，面見人事管理的軍官時，我說我想來第十三半旅是為了出海外軍事任務。

所有部隊都調了許多人過來幫助組建第十三半旅，多數都還是服役期較短的新人。由於第十三半旅剛剛重建，全新的武器、裝備優先給了我們，還有許多出海外任務的機會也給我們，在創建一年後，幾乎年年都有出海外任務的機會。不過部隊也很奸詐，因為出任務薪水較多，一旦有人不續簽，那有機會外派時，就會被志願續簽但資歷較淺的人頂替。外籍兵團這幾年來也不像以往，上級會給出任務的機會作為退伍禮物。

這幾年，在第十三半旅是年年有任務，反觀第二傘兵團，在我報到前，傘兵團剛歷經了幾次重大海外任務，正在休養生息的階段，從二〇一五年到二〇一八年幾乎沒有海外任務。比如我們傘兵排上的捷克人里比斯，已經服役超過四年，卻從未出過海外任務。我進入傘兵團的時候，里比斯是排上最資深的兵，也是他們那期傘兵唯一撐下來沒有逃兵的人。

不過，他最後也逃兵了，並在逃兵前運用所有人脈到處借錢，每個人借個幾百歐元，趁放長假時偷跑回捷克，從此不再回來法國。原本服役四年都已經接近尾聲，想不到最後還是成了逃兵。當時我也是受害者之一，借了他五百多歐元，這也是給我一個慘痛教訓：絕不能隨便借錢給戰友，除非已經作好借出的錢不會回來的心理準備。人情有時很珍貴，而有時卻一文不值。

當時我是屬於士兵中的帶頭人物，雖然還沒晉升下士，但也算得上是資歷數一數二的人。至於我為什麼沒有晉升下士？在傘兵團的時候，新上任的排長相當喜歡我，預計讓我去做下士培訓，

因為智力測驗的優勢，還有我平常的表現，當時我是第一順位。排長說我是排裡最聰明的人，希望我可以留在排上。我心裡想的卻是，如果在這裡順利升職，那部隊可能不會任由我換單位，當時我一心想去法國本土，能夠離女朋友近一點，為此我自願放棄了這個機會，同時也失去了安排好的醫療培訓。

原本與連上另外一位中國人約好，等我們一起完成醫療培訓，就一起利用假期去無國界醫生擔任志工，或者乾脆退伍之後加入他們，畢竟我們的軍事背景和戰地醫療技能，都是他們需要的，到時候可以獻出我們的一分力，也是很特別的經歷。

而到了第十三半旅之後，上級看了我的檔案資料、歷年評分都還不錯，我也已經服役三年了，於是再度被安排做下士培訓，不過這次我還是選擇了放棄，因為當時正是連隊出海外任務的時刻，畢竟任務可遇不可求。當時傳喚我去做下士培訓的那名高階長官，說我若是不提早做，以後可是會後悔的，畢竟名額有限，萬一未來進到新單位，老兵有時會比新兵更不受善待。

他那一番話並沒能改變我的決定，即使一年後我明白了他說的話確實有道理，但是我也不後悔，再重來一遍我也不會改變我的決定。

想起換團前的日子，有段時間我像是瘋子，每週五晚上穿上整齊的便服、噴好香水，拿著外出包出營之後，便獨自坐在卡爾維機場門前的木椅上，度過漫長寒夜的等待，冷得渾身發抖，同時還得害怕被巡邏的軍警認出來，因為週末去到其他城市是不被允許的事情。直到早上六點，趕搭第一班飛往法國本土的航班，雖然在外面露宿一晚後的狀態很差，但是一想到很快能夠見到思

念的人，便覺得當下才是真實地活著，只感到開心、興奮得沒有任何事情能夠比擬。

　　她隨便說的一句再普通不過的話：「從此以後我們都要在一起喔。」便贏得了我的所有癡情，簡直病得無以復加、無可救藥。我們在一起的時候，她從來沒有來過我的城市，而我總是為了與她見面而奔波操勞，因為見不到而睡不安好。想方設法要在一起，卻忘了感情要彼此珍惜。當情感天秤一端太重、付出太多，另一端卻不想努力，感情失去平衡，會從一開始的兩情相悅，到情難自禁，最終無法收場。

　　後來，我終究如願調回法國本土，來到鄰近她的城市。從第十三半旅到她的城市，僅需要一個半小時車程，那將會是我們有史以來最接近的時刻。在我歷經千辛萬苦，終於成功換團時，我們卻分手了。

　　「我不愛你了。」就這樣一句簡單的話。「我愛過你，聽著你的聲音讓我感覺安定，聽著你的故事，為你操煩擔心，但是愛過已經足夠，往後不要強求，我要走了，沒有你的日子，生活還會繼續。你要好好的，不要再和我聯絡。」

　　很久之來，我一直想不通，為什麼人的感情會改變？再後來，答案也不那麼重要了。在出任務前某一天，儘管生活在鄰近城市，我們卻已不再聯絡，彼此開始新的生活。我看見她的臉書背景照片換成科西嘉島的海灘，她去了我曾待過的地方，走我走過的路，看過我熟悉的風景，我們卻早已不是我們。

備戰海外任務

　　新來到第十三半旅，面見上校之後，他說：「你要來我們這裡做什麼？」

　　「我要出海外任務，想要更多出海外任務的機會。」

　　「剛好，我決定把你調至第二戰鬥連。兩個月後二連就要去馬利，海外任務的編制很可能已經完編，但是仍然有一絲機會，看你是否好運了。」

　　來到連隊，這裡的宿舍是全新的現代建築，純白色的嶄新建築物，我甚至懷疑房間裡面可能有冷氣。結果當然是沒有，不過暖氣倒是很足，也是我們冬天必備的生存要件。

　　我們支援排的排長也是傘兵出身的俄羅斯人，但他不像其他俄羅斯人強壯，瘦瘦的反而讓人感覺蠻好相處，不過第一印象通常不見得正確，果不其然，排上大部分的人，都對他頗有微詞，甚至連傘兵出身的副排長也跟他不對盤，讓我們底下的人，有時候得看兩方臉色辦事。

　　意外的是排上有一位台灣人下士，服役比我早半年，但是他

在排上也是不受待見。我過來半年後，他就被調去其他連了。

這裡的支援排，有兩個主要分組，一個是米蘭反坦克導彈，另一個是八一迫擊砲，而我無可爭議的被分發到導彈組。

組長是一位法國人，確切來說是馬賽人，法國最有反叛精神的城市代表，與巴黎南北分庭抗禮，在馬賽最討厭的就是巴黎，最多的就是槍火問題和黑幫街頭事件。

這個馬賽組長，講話總用著很年輕的法國街頭話語，有時候感覺他是嘻哈好手，常常也會聽到外籍兵團少用的正統法語，充滿著馬賽特色。

有另一個新兵，被這組長稱為是他兒子，因為他們長得像，但其實不是真的那麼像，只是他們有一樣的藍色眼睛，而且那個新兵長得讓人很有好感，大家都喜歡親近他。

這天早上，組長可能想在晨間訓練給我來個下馬威，因為我才剛來。第一次跟他們運動，不知道是真的體能這麼好，還是故意跑得飛快。不知道要用這速度跑多久，對這裡的地形也還不熟悉，所幸我沒有落下隊伍。

到最後，他兒子以及其他人包括下士幾乎都掉了隊，只有三個人還能跟得上隊伍，就是兩位摩爾多瓦人和我，我們還得跑回去找每一個人。兩位摩爾多瓦人都是跑步好手，人又高腿又長，身體條件比我強得多。而我努力跟上速度，表面裝得毫不費力，實際上跑得要死了，卻感覺他們都還游刃有餘。

我只想著要在人前留下好印象，且更別說我代表了傘兵，拚命咬牙跟著，說什麼也不放慢速度。

在這裡，有兩種聲音，一種是認同傘兵傳統，一種是覺得傘

兵太囂張。

　　如果是待過傘兵的人，都對傘兵具有強烈的歸屬感，好幾次幾個下士一起爭論得喋喋不休：「你說傘兵是最強的嗎？」

　　剛好有個傘兵的下士經過，他也是傘兵出身，服役六年的老下士了，「當然，傘兵無庸置疑是外籍兵團裡面最強的。」他說得很輕鬆，像是說出他深信且無可動搖的真理。

　　「那倒未必，聞名不如見面，我看雖然大家都說傘兵英勇，但是你們傘兵其實也跟我們差不多。」其他年輕下士反諷。

　　排長路過，空氣瞬間涼了幾度，「你們在說什麼東西？是不是白天還沒訓練夠？」

備戰海外任務期間，我們在法國軍隊的戰鬥訓練中心（CENTAC）訓練。圖中我們正在裝甲運輸車上研究地圖路線。

另一種法國——馬約特

這一次海外任務目的地是馬約特（Mayotte），加入 DLEM（Détachement de Légion étrangère de Mayotte，法國外籍兵團馬約特特遣隊）執行為期四個月的任務，很幸運的是，我來第十三半旅不到半年，就能參與海外行動。原本連長計畫讓我去做士官培訓，但是我自動請願出海外任務，而第二戰鬥連就要去馬利出任務，於是把我暫時安排到了第三連，填補他們人員的不足。

當飛機飛過非洲大陸，一片茫茫大海中逐漸映出蔥綠色島嶼，我們遠離親愛的女友、老婆、孩子，遠離法國來到名為馬約特的島嶼群，與非洲大陸僅隔一道海峽，鄰近馬達加斯加。這裡原先是法國海外殖民地，民族自決後許多法國殖民地漸漸獨立，而馬約特的人卻選擇依附法國，在全民票選後，正式成為法國的海外省分。

下了飛機之後，等待我們的是法國軍用卡車，這裡不同於沙漠，馬約特的氣候極其濕熱，動不動就讓人流滿一身的汗。從機場到軍營途中，村落沿著海邊主要道路排列，房屋略微簡陋，而

且到處垃圾遍布，顯然這裡沒有太好的公共衛生系統。當地的人看到我們都顯得十分熱情，還有小孩追著我們的卡車，但這並不一定是好事情，因為他們這樣對軍人熱情追逐，就曾導致小孩不慎被軍用卡車輾過的憾事發生。

這裡主要有兩座較大的島嶼，用法語來說便是大島與小島，和另外一些零星小島。人口組成除了本土居民之外，有近三成的移民，僅有少數來自法國本土，絕大多數都是黑人。常常可以看到婦女臉上塗著咖啡色的稠狀物，據說有面膜奇效。在物質生活和公共建設方面，雖然比不上法國本土，但相較於鄰近國家要好上太多，因此鄰近許多國家的人為了更好的收入，常想盡千方百計來這裡，導致偷渡客絡繹不絕。而許多優秀學生會到法國本土求學，但並不是所有人都有這樣的機會，普遍而言教育水準仍較低。

當地多數人為穆斯林，每天早上五點要進行晨間禱告，所以我們軍人需要早他們一步，每天早上四點半鐘起床，以備不時之需，只不過雖然早起，休息時間倒也沒有因此變多。除了穆斯林外，當地也有些許泛靈論者，以馬達加斯加移民為主。

當地最缺的就是醫生，據說每年都有法軍染上傳染病而死。在這熱帶地區，陽光充足，四季有雨，有著許多奇特物種，也伴隨各式各樣的疾病。雖然來此之前我們每個人都打了疫苗，但是對於這個地方我們仍然一無所知，我們只知道絕對不能夠像在法國野外時，隨便席地而睡，因此出發前每個人都買了吊床，還是有口碑的軍用戶外防蚊吊床。

此外，這座風景優美的熱帶小島，沙灘、棕櫚林遍布，此處

海域還有海龜的蹤影。某次在海裡游泳時一隻海龜從我身下游過，當時我第一反應還以為是鯊魚，頓時半身都涼了，幸好只是虛驚一場。

這裡不僅是法國人的度假天堂，也有許多法國人會到這裡安享晚年。島上夜間生活極為豐富，不知道是不是受法國文化影響？我問過幾個當地人，他們清一色說道，白天無事可做，就等晚上跳舞。晚上飲酒作樂、跳舞尋歡是居民唯一的娛樂。喜歡海島風光、人文攝影、海上運動、野生動物的人，這裡確實是不錯的選擇。

因為四周環海，排長還問了大家誰想去學開船，這裡有專業的教學機構，但是學費需要全額自費，並且不能保證我們有時間去學。我是志願者之一，這麼有趣的事情當然不能錯過！

營區的宿舍八人一間房，室內掛著舊式吊扇，門口斜坡上種著幾棵椰子樹，時不時就有椰子掉下來。且營區位於港口旁的高地，可以看見海岸，也可以看到來往的當地居民，然而營區周圍遍布鐵絲網，我們並不能隨意外出。

那時我們幾乎沒有外出時間，且時常聽聞在山間小路，有些當地青年拿著大刀攔路搶劫，專挑法國人或是外國遊客下手，所以即便我們外出也得三五成群。每次外出都有人與當地人發生衝突，常常看到同伴的軍常服襯衫上淌血而回，可能是被當地的反抗分子所傷，或是與當地人搶女生而發生衝突，再不然就是酒精惹禍。

在我們初到時，當地出了一點事，居民發起多起抗議活動，導致許多地方直接被封路，他們的封路方式比其他地方來得簡單粗暴許多，直接把大樹砍倒攔路，山邊小路輕易就被堵住了，地

方交通因此癱瘓。

即使我們能夠外出，也只能在小島上逛逛，去大島是不被允許的。況且，三連連長是位規矩特別多的人，沒有事也會千方百計刁難我們。舉例來說，我們來接班時，第二步兵團要外出可以隨意穿著便服，而到了我們，若少於五年服役期，就必須穿著整齊軍常服，就連站哨時也不例外。在這裡待了許久的老士官說，這還是他在這裡十年以來第一次所見。在非洲這麼大熱天還穿著整齊襯衫站哨升旗，這不是作秀嗎？還有更重要的一點，就是穿著軍常服很難打架啊！

▌馬約特當地人生活的樣子，有些地方是更加簡陋的房屋。

來自遠方的人

在營區裡沿著山坡往上走，走過集合場之後有條小路，一路往下直到海邊，這裡便是馬約特外籍兵團海訓中心 CIAN（Centre d'Instruction et d'Aguerrissement Nautique à Mayotte），也是我們進行海上訓練和兩棲訓練的場地。

我們在這裡進行各種海上訓練，幾乎早上、下午都得穿著軍裝長泳，還有適應在海岸地形戰鬥、各式繩結運用、熟悉操作橡皮艇、搶灘登陸戰等等課程。第一堂課是適應課，搭船到近海，二話不說就叫人下水，我們還穿著戰鬥制服，腳下則是運動鞋，得先學會長時間於海上漂浮，在海裡保持集合隊形，然後還得通過各式操作，之後則是潛泳及海上快速移動。運動鞋濕了也沒時間晾乾，隔天繼續穿著濕鞋進行訓練，雖然每個人都有兩雙鞋替換，但是這根本不夠，運動鞋幾乎沒有乾過。

在海裡擺出集合隊形不是一件容易的事，軍裝和鞋子吸水後巨重無比，維持頭部在海面的姿勢，水下的腳會不斷踢到人，也不斷被踢，痛倒無所謂，比較痛苦的是每被踢一下，就得吃一口

海水。

　　有時候會在沙灘上進行格鬥特訓。柔軟的金色沙岸，即便前後撲倒也不怕受傷，可以大展拳腳、有仇報仇。

　　接著是基本的橡皮艇操作和相關的訓練內容，濕的衣服穿了一天，下水無數次導致小腿抽筋，痛得我都跪了，幸好當時在淺海，跪在海裡還能自己揉幾下小腿，在肌肉上打幾拳再繼續訓練。自己選的路，跪著也得走完。

　　第一次在海灘抓走私，原本以為只會是場演習，想不到剛好看到一艘船鬼鬼祟祟，對方一看到我們的船就馬上加速離開，明顯作賊心虛啊！我們緊跟在後，看到他們上岸之後，一群人如鳥獸散，還帶著一袋一袋的物資。四散確實是個更好逃離的主意，有些人仗勢著手腳輕便，試圖跑進山裡，但聽見一聲槍響過後，多數人還是停下了腳步。那一槍其實是空包彈，我們留下一隊人馬看守船隻，其他人分成幾個小組去追，剛開始有些人還想拿刀、拿槍拚命，不過被我們幾挺步槍指著，也就自然把手放到了頭上。

　　這些走私販對我們來說是很頭痛的問題，我們有權力抓捕，但是一般來說這不歸我們管，而是法國軍警管轄範疇，因此我們不會對他們做出過激行為，只要把人帶給法國軍警就行。

　　絡繹不絕的偷渡問題不斷發生，但我能理解他們的選擇。基於人性，誰不想過上更好的生活？去更加便利的地方呢？若是我在他們的位子，一個月的薪水只夠買雙鞋，吃飽穿暖都成了問題，也會鋌而走險的。

　　外籍兵團在馬約特的這支部隊，主要任務的一部分是保護法國國家領土和戰略設施，並確保海域安全，從而參與打擊海盜的

行動。有時候還有與非洲軍隊交流的機會,甚至到馬達加斯加,白天訓練當地軍人,晚上則受當地人設宴款待。對於馬達加斯加人來說,加入外籍兵團就是翻轉人生的好機會,而且他們還有語言優勢,所以許多年輕非洲軍人常常私下問我們如何入選、外籍兵團生活怎麼樣,還有最常問的薪水問題。

　　馬達加斯加人有些膚色淺棕,有些人則略為黝黑,許多人具有明顯的亞洲人特徵,寬鬆黑直髮、黑色眼睛、小巧的鼻子和薄唇。多是以前在南島語系擴張時遷徙過去的東南亞人,還有來自非洲東部以農維生的班圖人混血後代。這裡還有許多中國商人,在二戰過後,從南海漂流到了馬達加斯加,最後娶了當地的黑人,在此落地生根。有名馬達加斯加孩子特地告訴我,他是中國人的後代,但是他不會說中文。

▎滑橡皮艇比賽，我們這組拿了第一。

▎海訓結束後回程的船上，船上掛著法國國旗。

　　　　　　　　　　　　前進或死亡

中士之死

在受訓的時候，一般由下士帶我們上課，但是這些下士多半經驗不足，很多都是緊急通過培訓，然後馬上就來頒布指令，甚至上課傳授經驗，這與在傘兵團時，下士多半超過五年服役期截然不同。

這些下士很多都是和他們管的人一起受訓，有些人運氣比較好，先做了培訓才晉升下士。在這裡，很多問題也因此而起，雖然服役期長不一定就代表了他是個好戰士，但仍是一個很重要的衡量指標。包含下士在內，服役超過五年的人屈指可數，也就是說在第十三半旅內，服役時間比我長的不超過十個，不過這也是因為第十三半旅剛重新組建的緣故。

上射擊課時，在「校槍」這個環節，在場所有下士都說錯了一個關鍵，我當下驚覺有誤，不過所有人都將錯就錯，說他們就是這樣學的。後來我還特地去問了另一名擅長精準射擊的下士，才證明我是對的。

某一名下士總是安排我與另外一名中國人做雜事，即便當時

我的服役時間比他長得多。剛開始我覺得怪怪的，後來有一次他要我去掃廁所的時候，我直接抓著他的領口想問個清楚。在這之後，排上所有的下士大約八個人，一口氣衝進我的房間，把房間所有人都叫了出去，只留我一個，他們先對我說道理，接著想打我一頓，說我太鋒芒畢露。

後來我與一名中士扭打在一起，他先是打了我幾拳，還有一拳精準打在我的喉嚨上，讓我瞬間難以呼吸，我們越打越烈，最後被一擁而上的人拉開，這事才告一段落。

那天晚上我沒有睡覺，被罰打掃廁所一整個晚上。後來那名中士叫我停下：「這次我跟所有下士說了，你是個老鳥，不要把你跟新人混為一談，你也要證明給他們看，你這幾年學會的東西比他們多。如果你不服，我專治不服，如果你想要有話語權，你得先有軍階。」

在一週後的行動之中，這名中士不幸喪生。

那時，軍隊與當地巡警組織了一個抓捕行動，放寬原本在海岸線上杜絕偷渡的巡邏防線，而我們則守在島嶼上偷渡客常走的幾條路線，每天晚上轉換位置，為期一週。

混跡在無人島之中，這裡有許多野生水果樹，可能是以往偷渡者種下的，長滿了可以食用的果實。走了半天時間，走到島嶼南峰的位置，附近多是陡峭的山路和茂密的植被，五人小隊裡有兩人留在昨晚露宿的偵查點，我們則是徒步經過這片越高越茂密的植被。在這裡很容易迷失方向，所以每前進幾公尺，帶隊開路的人，便得設法在樹林密布的地區找尋稍微好走的路，再用手上的大砍刀往樹幹砍幾刀，在途經的樹上留下痕跡。

其中一天，我們露宿在一片野生西瓜田中，雖然西瓜品種跟以往食用的西瓜不盡相同，最大的僅有不到一顆排球大小，而且不像是市場買的西瓜那麼甜，但是在無人島上，那也是很難得的了。為了不引人注意，我們不被允許生火，伙食來源主要就是平常吃的軍糧，配上一些野外採的小辣椒——因為天氣實在炎熱，我們喜歡吃辣散熱，常常一口辣椒一口軍糧，或是帶上一小瓶當地特製辣椒醬。

白天也常常見到比手掌大上兩倍的蝙蝠，還有些小猴子、小蜥蜴、小蛇一類的動物，有些山路上還有香蕉、檸檬、橘子等等的水果。在這缺乏營養的地方，黑人戰友自豪地擠了半小瓶的檸檬汁，說是豐富維生素來源。我常想若是我們被丟在這座島嶼上，應該也能設法生存下去。

直到行動終止前一天晚上，一週以來都沒有偷渡客的消息，我們守在懸崖邊，看著星夜映在平靜的海面上，同時旁邊放著無線電，若是有任何動靜，隨時能聯絡到作戰指揮部，還有沙灘附近埋伏的隊伍。

原本應該就這樣平靜地結束任務，卻事與願違，那天晚上接近午夜時，平靜的海面有了一絲動靜。

在夜色的掩護中，遠處有隻小船從海平面慢慢駛來，若不細看很難發現。負責站哨的人很快用無線電打了報告，然後把我們叫醒，此時，突然看見手電筒的光芒，從離我們不遠的懸崖照過來，一陣一陣的手電筒光芒彷彿在打信號，中士馬上鑽出他的睡袋，連忙穿好鞋子，連褲子都還沒來得及穿，只穿著一條內褲，拿著槍就往光源衝了。

我們隨後追上，直到接近對方，對方聽見我們的聲音後連忙往後撤，接著我聽見幾聲狗吠，是對方牽的一條大狗，追了一段路之後是連續的陡坡，得小心翼翼徒手爬下去，卻突然聽到一聲碰撞聲，似乎有什麼東西撞了一大下。

凌晨兩點，另一位黑人戰友不斷叫喚，原來是中士墜崖了。最初，他仍然保有意識，因為疼痛而不斷呻吟叫喊，身體多處出血，可能也有多處骨折、腦部出血，手臂甚至突出了一截骨頭，清晰可見。

那天我們試了所有方法救他，先給他簡單包紮止血，不過海水一直在漲潮，我們幾個人把他弄上擔架抬到淺灘，有人不斷跟他說話，要他堅持下去。不久，前來支援的消防隊、救護人員也來了，但是地形實在不利於輸送傷患，救援直升機沒辦法在這裡升降，最終他還是沒能捱到早晨，就這樣再也看不見太陽升起。

幾天後，有漁民在海邊撿到了中士墜崖時掉落的槍，把它送回軍營。經過幾日海水浸泡，已經稍微生鏽了。

前進或死亡

中士宣告死亡的清晨。在這懸崖畔，一邊是海，一邊是湖，人若有靈魂，
希望他的靈魂能棲息在這塊淨土。

藍色航班

中士遺體運送回法國，連隊維持了兩天肅靜的哀傷氣氛。我們為他守夜二十四小時，如果有人問起他最後的樣子，我會說他直到最後都很英勇。我不想再說，他是怎麼死的，但是我會告訴你，他曾經怎麼活。

俱樂部照樣營業，大多人繼續置身於菸酒之中，漸漸地也沒有人再提起這名二十四歲的年輕中士。

而排上的一名法國下士，他曾經是中士的好朋友，這人滿身的傳統刺青，從手臂至大腿、小腿都是各式不同的圖案，身高還比將近一百八的我再高半顆頭，而且他也很年輕，記得才二十七歲，在軍隊裡備受重視的他以接近兩年的服役時間就成了下士，聽說甚至已經被安排好要去做中士培訓。

法國人士官隨後晉升軍官並非難事，如果他們願意，甚至有數種晉升路線，考取軍校只是其中一種，在部隊制度裡頭還有其他路線可供選擇。即便不升軍官，在士官階級裡他們也會過得很舒服，因為語言和文化優勢而備受器重。

然而，計畫總是趕不上變化。

　　這天，這位法國下士申請面見連長。他的訴求是回去法國，不論任何辦法。

　　聽說他想了一個不錯的理由，他當時的說法是，他的女朋友懷孕了，他得回去盡到男人的責任。但是這名連長可不是一般人，要在他手下討到便宜絕非易事，況且原先連長是打算讓他去做中士培訓。

　　為此，他們在連長辦公室發生了劇烈爭吵，一般下士也不會跟連長回嘴，但是同是法國人的下士是有備而來，不回法國絕不罷休。有些人在辦公室外面還聽見了裡頭摔東西的聲音，可能是言語衝突升級，確切情況不得而知。

　　在他面見完連長之後，左右分別被兩名軍警架著，能夠感覺得出來他已經不太正常，神智恍惚了。有人說是被打了針，應該是鎮定劑，但是沒人知道到底打了什麼。

　　他後來被送往精神病院，聽說實際情況是他的女朋友跟別人上床了，對方還是他的好朋友，而且也是兵團成員。排裡的兵說，這已經是就他所知，第六位被送往精神病院的人。

　　這位法國下士乘坐了藍色航班回到法國，藍色航班（Vol bleu）是專門將任務中犯下嚴重錯誤的官兵，送返回法國的班機。有一位日本人嘗試自殺，未遂，後來也是被藍色航班送走。

　　藍色航班的專機接送，下一個會是誰來享受如此「殊榮」？

鐵頭功都被打破

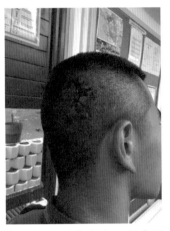

我的頭至今仍留有一個「飛人喬丹」的 logo。

親歷過不少不當管教，而在馬約特這次最為誇張。

那時我剛結束勤務下哨，交完槍械，回到營區坐上床，後面的波蘭上級一棍打過來。說實在我不知道是棍還是什麼武器，因為我只是坐在床上在做自己的事情，平白就從背後中了暗算。

當時俄羅斯下士救了我一命，他說他馬上把波蘭人推開，我當時已經昏倒，後腦勺的傷口不斷噴血，整個地板都是血跡，而他為了幫我止住血液，甚至把手指插進我的傷口裡，然後和另一個新兵兩個人把我抬到坡上的緊急醫護所。

我醒來的時候人已經在醫護室，臉朝下趴臥在手術台，醫生

正在為我縫合頭部。我很感謝醫生救我一命，但是醫生的醫療報告單上，我看見他在受傷原因上寫了「意外跌倒」，我立刻吃力說道：「我可不是跌倒，這後腦勺的傷明顯是被硬物擊打的。」我費力站了起來，卻馬上跌坐回手術台上，一站起身就感到天旋地轉，頭實在太暈，只好乖乖躺下。

馬約特特遣隊指揮官在我受傷隔天，來到醫護室看我。我想盡力站起行禮，他卻把我按下了。

「外籍士兵，你還好嗎？」團長看著我整個包著的頭，說道。

「我的上校，我沒有任何問題，很快傷好便能重歸崗位。」

「你是個很好的外籍兵團士兵。」然後團長問了我一些看似無關緊要的問題，甚至家庭問題都問，像是與我聊天慰問的感覺。

部隊醫生說有腦震盪，但身體沒有大礙，只是頭還在痛。去醫院做了檢查也沒有發現其他問題，但是部隊是在事發兩週後，才讓我去醫院驗傷。

關禁閉時，穿著代表犯人的勞動服裝，下士隨手幫我拍了這張照片，可能看到我身上那一縷佛光。

「你這術後狀態還不是很好，盡量休息。」醫生這樣對我說。

一週之後，我的連長讓我連簽了兩張處分單，用了莫須有的理由。他們給了我以下犯上的罪名，這算是很大的罪，但我明明從頭到尾都沒有碰到他。只是那波蘭下士對外說了一套說詞，說我拒絕服從命令，還撕破他的衣服。

在場有幾位目擊證人，我不知道他們是否說出實情，甚至可以說，實情對部隊來說也不是重要的。在部隊服役，很多事情都被強制壓下，讓此刻的我反而成了肇事者。

有個中國戰友說：「Hou，這樣下去不是辦法，你應該要聯絡大使館，或是尋求媒體報導，或者找法務機關協助，再不然找人權組織申訴也好啊。」

後來我發郵件給駐法國台北代表處，甚至發給了中國大使館，但他們也沒能給這種事情提供什麼實質幫助。因為在軍隊裡是很黑暗的，如此特殊的獨立場所，人的權利大多被忽視，外界並不能干預什麼，可能死了都沒人知道原因。

有些華人戰友得知了這件事情，說要等我們回法國，把這波蘭下士打一頓。我拒絕了這份好意，因為這種事情只能自己解決，或者乾脆吞下肚裡，人在屋簷下有時也不得不低頭。

因此這事情依然沒有解決，我甚至得戴著頭上包紮的繃帶，被抓去關緊閉。讓我驚訝的是這個波蘭下士竟也被叫過來一起受刑，我真不知道他們到底在想什麼，他們真的覺得把我們兩個關在一起是好主意嗎？

關緊閉的那段時間，我們每日一起勞動，但是絕不說話，完全視對方於無物。

某天，我們正在清掃椰子樹葉，他突然徑直朝我走來，我立即作好反擊的所有準備，全身肌肉一觸即發，只等他再靠近，我必和其拚命。當然，我也作好了關緊閉天數加倍的心理準備，即便我的頭才拆線，即便要再次倒下，我這次也會拉他墊背，不可能讓他再次毫髮無傷。

「嘿，你的頭還好嗎？」然而他開口，「我很抱歉，當時是我把你拉了一把，然後讓你的頭撞到木頭床角的尖端。但是為了不有更大的問題，我才在報告裡寫是你先攻擊我。」

最初我甚至真的懷疑是不是我被打到頭，造成短暫失憶，怎麼連打架過程都忘記，結果只是一個沒擔當的下士，把自己犯的錯怪罪到我身上。

不過，後來我們算是和好了，內心也調適得差不多，終於從幾日、甚至幾週的低潮情緒與疼痛脫離出來。我沒有絲毫恐懼，即便遭受不平等待遇、辱罵以及種種刁難，我已經身心俱疲，但是經歷這一切，我的精神思想已到達了前所未有的高度。

不再續簽

　　結束馬約特的任務，我回到原先被調派的第二戰鬥連，他們剛剛從四個月的海外任務回來。

　　他們這次海外任務時，在馬利的軍營遇到恐怖攻擊，一群恐怖分子穿著聯合國的頭盔及衣服，幾輛裝滿炸藥的自爆汽車直接衝撞軍營，繞過好幾道檢查哨，發生激烈槍戰。最後敵人全滅，但是我們部隊也有數人受傷。

　　有位下士長被子彈打中眼睛，連頭盔都被打穿了，所幸人還活著。有人被炸到昏迷，滿頭是血，近乎毀容，一直到我接近退役，才看到他回來單位辦手續。看見他臉部重建後的樣子，幸好法國醫學還是值得信賴的，術後恢復看起來與正常人無異，但是有沒有留下什麼隱疾則不得而知。

　　這時我已經服役接近三年半多了，但是卻剛剛正式進入一個新單位。服役三年半時會開始詢問是否有意願再續簽合約，一般可以簽一到三年，但是往往會提三年合同，如果想簽短期合約，則需要經過與連長談判。

部隊想盡千方百計要人續簽，畢竟辛苦栽培了多年，但是人各有志，不是所有人都會選擇留下來，事實上，大部分人都選擇了離開，展開一段新的生活。但無論如何，這些待過法國外籍兵團並且順利完成合約的人，此生都是兵團成員，即便有天在人生遭遇到不可逆的意外或傷害，兵團也會保障退伍老兵的基本生活。

　　收到排上值星的通知，隔天要面見連長，連長將詢問合約問題。我穿著戰鬥服，但不是平常訓練那套戰鬥服，而是衣櫃裡燙得平整的那一套全新戰鬥服，並且一別平日戴的綠色貝雷帽，面見連長要改戴白色高頂軍帽。著裝完畢之後，先給排上值星檢查儀容，確認衣服整齊乾淨、帽子潔白不能有一點髒汙，鞋子也得用鞋油擦得發亮，最好確保整身都是全新的。

　　一群人排排站在走廊等待面見連長，每個人有不同的原因，有些是改回名字，有些是合約問題或者紀律問題等等。等進到連長辦公室，敬禮後拿下帽子，開始喊出報告詞，排長也站在連長身邊，因為每個人面見連長報告時，都得有所屬排上的負責軍官或士官陪同。

　　連長問了一些基本問題之後說：「你打算續簽嗎？」

　　「不，我的上尉。」我回答。這時候如果回答「是的」，下一份合約就拿出來了。

　　「如果你不續簽的話，從服役三年半開始，你有權利去申請往後就職相關的培訓。這個在我們團是巴里上士長負責。」

　　就職培訓並不好取得，尤其上士長公務繁忙，我去了無數次，依舊沒能見到他老人家。畢竟官拜上士長，總是神龍見首不見尾，一輩子都奉獻給了部隊，現在還得經手無數退伍人員就職請託。

後來上士長統一約了我們這些服役年限即將期滿的官兵，當時還是二月份，但是上士長說直到年底就職培訓都已經沒有位置。據說是整個法軍一同培訓，得老早提前申請。

有兩種不一樣的就職培訓，是我們在服役期間就可以申請的。第一種主要是幫助退伍軍人找到未來的職業方向，每個人先做性格測試，然後分析你可能適合的職業，還包含就職經驗分享以及法國就職的管道介紹。第二種是等到職業方向確定之後，如何準備自己的履歷和自薦信，要寫出部隊生活在求職市場的優點，放大求職的優勢，以及為了在面試中表現得體而有的實際練習與改進。

過沒多久，我收到通知，這次要面見團長，也是要問關於續簽的問題。面見團長需要穿著整齊一套的軍常服，由連值星官帶你過去高階軍官的辦公樓。面見團長的手續更為繁瑣，等穿好軍常服在走廊排好，往往還要站著等上許久。

進入辦公室之後，得先與外籍兵團旗幟敬禮三秒，然後轉身面對團長，喊出報告詞，有時候報告詞會有些許改變，看負責司令部值星的長官如何指示。這是不能出錯的環節，因為連長也在團長旁邊。如果出錯，讓他丟了臉，他就弄死你。

「你要續簽嗎？」團長開口。

我給了一樣的答案，「不，我的上校。」

第十三半旅的台灣人

　　因為外籍兵團第十三半旅剛遷到法國本土，幾乎所有的新兵都被送到這裡來。來到這個單位之後，我才發現台灣人還真不少，雖然他們都跟我在不同的連隊。

　　他們很多都曾在國軍服役過，有海軍陸戰隊的吳少鈞、海龍的夏宜強、航特的陳晞，資歷最深的是劉欣益，服役時間比我還早半年。還有幾位更低調的台灣人，有趣的是，大部分從台灣來到法國當兵的人，都是純粹為了當兵，挑戰國外軍事歷程，而不是為了國籍或是退休金。

　　甚至聽說某人還曾經是特殊單位的連長，官拜上尉，但是現在也來到法國從小兵開始重新打造。我聽外國戰友提起，那名台灣戰友的同梯新兵都被操到退出，他是他們那梯唯一留下的人。而且因為他法語不是很好，所以還是常常受到不好的對待，也由於心地善良，或是說比較單純的關係，還被外國戰友騙了不少錢，當然那外國戰友接著就人間蒸發，逃兵去了。

　　他在臉書上常發中文長文，其他外國戰友按下翻譯之後，才

發現平常不言不語的他，在軍事領域的文章竟是這麼專業，專業性甚至比一般嘴砲士官好上太多。

逢年過節，我們會找時間吃飯聚一下，大家都是戰友，也是同胞。只不過，在步兵單位，華人間有些傘兵團所沒有的勾心鬥角，傘兵團相比起來還是單純許多，人少就更加團結，有事情能幫盡量互相幫忙。

有人的地方就有江湖，有江湖就有鬥爭，而且兵團組成的複雜性，也讓這裡注定是個龍蛇混雜的地方。

▌馬約特外籍兵團海訓中心結業儀式酒會。

前進或死亡

退伍前帶新兵

服役最後一年，我們第二戰鬥連去吉布地出海外任務，但是我沒有續簽，所以留守在法國，幫忙組建第五戰鬥連。這一年我一直被派去帶新兵步兵訓的專業技術培訓（Formation Technique de Spécialité），前前後後總共帶了三批。

這一批新兵剛結束四個月新兵訓練，衣著整齊、神采奕奕，像極了當年正要準備下部隊生活的我們。他們即將接受為期一個月的基礎訓，負責的軍官是年輕的法國少尉，從軍校畢業還沒多久，第一個部隊經歷就選擇外籍兵團，能夠更好地幫未來的軍旅生活打下基礎。

從他拘謹的神情、不苟言笑的舉止來看，可以想見他還沒能融入外籍兵團的部隊環境。除了帶外籍兵團士兵絕非易事之外，軍官之間有著更多潛規則和奇怪的傳統，全看資歷入席，而且每次路過軍官聚會，裡面總是能聽到些大動靜。那年第二戰鬥連很罕見地出現了軍官逃兵，一般士官階級逃兵還是稀鬆平常的事情，但是發生在軍官階層就很稀奇了。我們也不知道確切發生了什麼，

只是聽聞那名軍官回到了自己的家中，連續數天了無音訊，而且部隊上門找他的人，還在他家門外吃了閉門羹。

外籍兵團第十三半旅位於法國一處名叫拉卡瓦勒里的小村落，人口僅有一千多人，這裡每到冬天總是一片白雪皚皚，方圓幾十公里內都是雪白色，連我們營區都被白雪覆蓋，最糟糕的時候得出動鏟雪車。這種天氣一直是我的惡夢，因為我從未適應寒冷，即便到法國這麼多年，在部隊度過的冬季，對我都是難熬的季節。

清晨六點，朝陽初升，室外飄著一絲清晨的寒冷，外籍兵團的人都已經醒了，整個軍團已經開始傳統性的晨間活動。

軍隊最忌諱的就是軍紀渙散，尤其當他們仍是新兵，最是皮得繃緊的時刻，得先打好基礎，才不會讓他們在不能犯錯的時刻做錯了事情。因此，如果六點要起來，那就不能六點零五分人還躺在床上。

每個寢室裡，都有名負責的寢室長，我們必須負責房間裡面的新兵，除了統一訓練過程之外，每天仍有其他頒布的命令。安排新兵整理環境，也是晚間命令明文標定，每個人知道自己起床洗完臉刮完鬍子之後，得開始做什麼，不同的區域都已清晰分明，待每個新兵整理好負責區域，他們會來找我們檢查。

新兵裡，有位摩爾多瓦人很快吸引到我的注意，因為他總是志願做事，最快把別人不想做的苦差事全部熟練，甚至可以發號施令，因為新兵裡面大多數人遇到事情時，就像無頭蒼蠅一樣，他卻可以自己簡單教同梯的人，也很會看臉色說話。以前對我來說這些是拍馬屁的行為，但是現在站在班長的角度來看，其實這樣的兵最讓人喜歡，也可以省心不少。

他不怕做錯事，很常自發拿主意，以前總以為軍隊在用一切手段麻木人的感官，讓人成為聽話的機器，但其實彎曲的腰桿是扛不起重擔的，不能只是一味地循規蹈矩，而是學會在有限的環境隨時做出應變，提前對情況做出預料式的決斷。若只是聽從命令的行屍走肉，那學習會十分有限，心智也是如此，久而久之就無法做出該有的判斷，身體表現會隨之受到影響。

這一批新兵裡頭，看過去大約有四十多個，這群新兵分成了幾個組，每個組排成幾排，他們之中還有幾個亞洲面孔。其中一位是蒙古人，還有泰國人。

我對亞洲人並不會特殊對待，即便是跟我來自同個國家的人。有不懂的事情，我會盡力幫忙，若是語言上的問題，我也會費心解釋。但是人的好意有時候反而會起反效果，因此該有的操練不該少，否則別人也會有意見。因為自己也受過不少特殊對待，雖然大部分都是不好的特殊對待，但即便是善意的特權，我也希望是他們靠自己的能力，用自己的雙手爭取而來。

此外，練新兵大多時候課程由中士負責，但有時也會輪到幾個下士負責教課。上課還好，對下士來說不算太累，但是煩人的是，新兵下部隊之後得進行體測，背著十一公斤的軍用背包負重跑、武裝長跑等等，往往每次測驗，我們都得陪同，原本一年通過一次測驗，只要成績通過就差不多了，現在卻得陪每一批新兵折騰。

新訓時，能接觸到的軍械有限，主要還是步槍與手槍。但是下部隊之後，他們得熟知各類武器，通用機槍、機關槍、榴彈砲、狙擊槍，還有小型單人砲台等等。每個外籍兵團士兵都要刻苦學

習各類武器，否則即便體能再怎麼好，也不算合格。

「要成為合格的外籍兵團成員，刻苦訓練體力之餘，還要學很多課程。」排長精神講話，兩手抱拳摩擦，昂首說道。排長的眼神朝著每個新兵掃了過去，此時吹來的寒風，與排長眼神同樣冷冽；而看到我們領導階級時，則會與我們每個人握手，當然我們會先昂首敬禮，等敬禮完手放下那一刻，才握排長的手，有時候還能跟他寒暄兩句。

跟一名服役八年的中士一起帶課，閒暇之餘，我總是拿著法語書《活出意義來：從集中營說到存在主義》，然後他來觀察了我好幾次對我說：「服役這麼多年，看過這麼多外籍兵團的人，你真的很特別，第一次看到有人值星會看書，而且還是看法文書。」

「其實我打算退伍之後，在法國上學，現在利用一些碎片時間學語言。」

「如果你做完中士訓，其實也等同法國業士文憑 Bac+1（約大一程度）。還有部隊的醫療專長，如果你打算繼續進修醫護文憑，軍隊可以出資讓你讀書，但是你得簽約，回來繼續服役。」中士拍了拍我肩膀道。這是另一種能在部隊取得學位的方法，但不是我想要做的事。

「這種部隊的生活，待上五年，我感覺就過得差不多了。趁著還年輕早點進入真正的社會，重新開始也無所謂，什麼都可以學、都見識過，才會知道自己更適合什麼，更熱愛什麼。」

法語代課老師

早晨訓練完後，培訓新兵的基礎訓開始前，我們每個人都得面見排長，依序等待進入排長辦公室。這是個與少尉交談的好時機，他會看你的歷年檔案，接著問你一些問題。如果在培訓期間相處得好，可能會把你收歸麾下，軍官要跟連隊要人還是比較容易的。

「Hou，你好像即將退伍了，你不考慮續簽嗎？」

「不，我的少尉。」

「那很可惜，現在正是用人之際。」

帶兵的班長裡，我是唯一的亞裔。而有法國排長有個好處，就是晚上會多加堂法語課，雖然是非常簡單的課程，但是也是打好語言基礎的機會。學語言最好的方法就是交流，在兵團裡面我們有語言環境，雖然不是很好的語言環境，因為大多數人都不是法語母語者，所以有法國軍官上課的機會確實更加難能可貴。

中士通知我，排長要我也去參加晚間的法語課，因為他覺得我的法語不好。

「中士，但是我不覺得我還需要再上法語課。」

「我不知道，是排長點名要你去上課的，因為你的母語與法語相差最大。」雖然是亞洲人，也不表示我法語不好，尤其我還為此比別人下了更多苦工。我有點生氣，直接去敲了排長辦公室的門。

「請求進入。少尉，我不認為我需要上晚間的法語課，其實我在假期期間都在法語班學習，而且是法語高級的課程。我還有索邦大學法語部的學生證。」

「你的學生證拿出來我看看。」我拿出錢包裡面的學生證，排長接過去仔細看了看，接著遞回來給我，「晚上你不用來上法語課了。」

「我遵守您的命令退下，我的少尉。」直到出了排長辦公室，我才鬆了一口氣，當下也覺得自己蠻沒禮貌，但是說我什麼我都服氣，說我法語不好，我可不服。

中士事後過來跟我說，排長私底下對我大為讚賞，說我很聰明，足堪大任。我當時還沒有聽懂何為大任，後來我才知道了大任的意思，真是讓人有點哭笑不得。那代表著當排長晚上不想上法語課時，我就成了他的代課員。

所謂教學相長，我並不排斥教法語，而且我彷彿也成為了學法語時候的老師，可以清楚地為新兵講解文法，也和他們分享學習法語的心得，希望能讓他們在學法語的路上少走一些冤枉路。

在兵團學法語，每個人都有自己的一套心得，我認為就是不懂就問人，不用怕丟臉。如果可以系統性地學習法語最好，把基本的文法與動詞變化的規則記牢，然後在每一天的生活中不斷使

用、實踐，就算說錯也無所謂，因為大部分的人都是聽關鍵字，只要能順利說出來，比吞吞吐吐想造一句完美句子還好得多。

也要勇於接觸法國人，不要只是與自己母語的人混得太親近，說實在的這不容易，因為如果話說不到一塊，只能點頭哈哈，總會覺得有些可笑。或許有些人思路清晰，做事有條理，卻不能用語言表達出來，也都會讓你的從軍路越走越窄，甚至被當成白癡。

外籍兵團裡絕大多數都不是法語母語者，這是許多人都必須經歷的困境，但當你服役到一定期限，卻發現周遭的兵都能夠用法語自由交談，你卻沒有辦法跟他們一樣，甚至還聽不懂法語時，那勢必將追悔莫及。

下士的絕對權力

HK417 自動步槍，目前作為法國外籍兵團最新的精確射手步槍，為狙擊單位所用。

「注意，保持平靜，自然呼吸，當你看見目標，確認無誤按下扳機。」中士拿著 HK416 在前方說著射擊要領，「我給你們示範怎麼用槍，看好了。」每個人都全神貫注看著，我們則觀察新兵是不是有人不注意分心。中士整套動作行雲流水，對他來說只是基本操作，玩槍練得像是吃飯一樣簡單。

新兵們一臉崇拜地看著每個動作，彷彿在看著自己夢想要成為的樣子。

訓練要千錘百鍊，同樣的基礎動作機械式般練習，等到融會貫通才會變成自己的東西，然後再依照個人需求，加入一些身體習慣或是不同的小技巧。

同樣的動作流程，不一樣的人來做都會稍微不同，就像一本戰術手則，每個官兵學了一樣的基礎，但是在書本之外，還有更多值得探索的細節，如今射擊的動作雖然經歷了時間的考驗，但是說不定以後也會被推翻、被淘汰。

　　中士給他們做了一個很好的榜樣。雖然臉色冷漠，但是他也是個面惡心善的好人，私下他告訴我們不要體罰新兵，該有的要求要達到，把體能鍛鍊、軍事技能、武器知識、通訊訓練等等培訓內容學好就好，該休息的時候就讓他們好好休息。

　　雖然有幾位下士不滿，因為他們還是想給新兵一點顏色瞧瞧。沒有苦過來，吃盡苦中苦，怎麼能成為外籍兵團成員？教導新兵，「害怕」是外籍兵團最常用的傳統方法，高壓統治行之有年，一直有著好成效。下士喜怒無常，而且他們能夠決定一切。

　　兵團裡有句話說：「外籍兵團裡權力最大的有兩種人，一種是將軍，一種是下士。」將軍當官到頂了，沒有人能管他，只有他發號施令的分兒。而下士，雖然頭上有許多上級，但是對於手下的兵，他有近乎絕對的權力。

　　下士既不用像士兵一樣勞苦過日、任勞任怨，甚至做牛做馬，或連馬都不如。而且下士仍是屬於士兵階級，不像士官與軍官為了升遷勞碌，得要維持完美的檔案紀錄，在上級與下級的交際中弄得心力交瘁，且一旦出事往往得負起全責，甚至犧牲絕大多數個人時間為部隊操勞。

　　因此，很多人會把這種對下級的刻薄，延續到自己手握權力時，再把同樣的手段變本加厲留給後來的人，他們都不知不覺地，變成了自己曾經厭惡的樣子。

尿在別人頭上

今天早晨起來，看到一起帶兵的下士帶著熊貓眼，我問別人他是怎麼了。

「他昨天喝醉了，故意往一個巴西新兵身上尿尿。」

欺負新兵也不要太過分，往人家身上尿尿這件事實在太超過，結果當然就被揍了。這名下士也是快要退伍的人，我可以理解他開始不在乎部隊上的瑣事，甚至不那麼在乎部隊的其他人，但是往別人身上小便這種沒品的行為，被揍只能算他活該，這種行為不管怎樣都不被允許，哪怕對新兵也不能。聽說還是那名新兵熟睡時，這名下士走到他床前，或許是趁著醉意，解開拉鍊，往人家頭上小便。

「你為什麼這樣做？」別人去問他時，他什麼都沒說。

巴西人在法國外籍兵團算是人多勢眾的，而且他們很團結，常常抱團在一起。如果這事傳出去，他要面對的可能是許多群情激憤的巴西人。

聽另一名巴西下士說，他們巴西人剛下部隊，就得與團裡所

有其他巴西人一一自我介紹，還得為每一個巴西長官都送上一箱啤酒，否則會被處處針對。

自從新人踏入軍營，做完基礎訓之後，「欸，那小子，我似乎不認識你？」巴西新兵遇到其他巴西長官時，常常會被問上這句話，一開始新兵不懂這項傳統，後來知道當聽到這句話就是暗示要請客喝酒、自我介紹的意思。

買酒雖然破費，但是這傳統也讓巴西人之間更加團結，如果要其他職位上的巴西同袍協助，也會更加容易。因為彼此之間除了有家鄉羈絆，送酒還得要喝上一杯，能在交談中對彼此有更深刻的認識。

雖然有些人自認不用交際，但是他們很快就會被其他巴西人教育，一定會有機會讓你穿小鞋。況且在外籍兵團裡，多認識些同國籍的前輩並不會是壞事，除非是少數小國家，很難找到同袍來自一樣的地方，否則即便無法直接提供幫助，也還是可以聽些實際經驗，讓人少走些冤枉路。

不過一切外在的幫助，還是得建立在你是一位良好的軍人之上。天助自助者，如果是自己的紀律與品質出問題，那誰都幫不了你。

自作孽不可活，哪怕部隊已經成為你的舒適圈，你依然要尊重這個圈子，以及在圈子裡的人。否則即使部隊的規則收拾不了你，你也自然會被人收拾。

終於回家

　　還記得當時在非洲出完任務之後，我們從馬約特離開，在吉布地待了一段時間，在那裡我們每個人都看了心理醫生。看心理醫生是兵團在海外任務過後，為了確保軍人心理健康所做的安排，況且我們目睹了戰友的死亡。

　　那時候的我仍沒有護照，護照被部隊扣押。我已經服役接近四年，也代表著這四年間都沒有機會回台灣。為了回家，我從半年前就向連長申請假期返家，原先是被同意的，但等到任務結束，這個請求卻被不了了之。在放假前一週，我向管理假期的單位訴說我的情況，不過他們也幫不了我，假期間我們只能在法國境內活動。單位的長官私下告訴我，要回去可以，但千萬不要惹上什麼是非，萬一發生了，也不要被抓到就沒事。

　　聽了他的話，為了回家我決定放手一搏，於是我先去巴黎領事處，不過領事處的人馬上就看出了我是當兵的人。

　　「你不是要逃兵吧？」

　　「沒有啊，我只是打算回家看看，現在剛從任務中歸來，放

假一個月呢！」

「你真的不是要逃兵？」工作人員跟我再三確認。

「真的不是，我已經當兵三年半多了，合約只剩下一年，還有什麼過不去的？」

「那好吧，那請問你來這裡需要諮詢嗎？還是需要什麼幫助呢？」

「我需要一本護照。」

「我們這裡不能幫你辦護照，除非你的護照遺失了，並且持有在法國警察局報案的申報單，裡頭註明你確實遺失了護照。」

接著我去了巴黎火車東站，向警察局報案說護照遺失了，很快把申報單寫好，然後回到領事處。申請護照的過程很快，因為知道我的時間不多，工作人員特地幫我申請了急件，中午前交資料，下午立刻辦好，直接通知我去領新的護照。由於是緊急護照，有效期限比正常護照短了一半，僅有五年，不過對於我來說，已經足夠。

我火速搭機返台，片刻也不能浪費。一落地，堂哥與大嫂來機場接機。因為久未返家，身上沒有鑰匙，沒想到我堂堂長子也會有爬牆鑽窗戶進自己家門的一天。

這次回家爸媽毫不知情，直到他們進了家門才知道我回來了。大約在下午五點多，他們才到前庭，我就聽到了無比熟悉的聲音。

「哎，奇怪了？燈怎麼是開的？不會是遭小偷了吧？」媽媽雖然這麼說，還是無比粗神經地走進來，看到站在客廳的我，頓時潸然淚下，「逢儒？是你嗎？我不是在作夢吧？」

「媽媽，是我啊，我回來了。」

「啊！！！」她衝過來把我抱進懷裡，用手不斷地捶著我的胸口，直到眼淚都弄花了她的妝容，手緊緊地拉著我，彷彿一放手就會再次失去我。

爸爸隨後也進到客廳，他沒有太過情緒化的表現，只是微笑看著我，拍拍我的頭，問我有沒有哪裡受傷，瞧著我的臉，確認是我沒有錯，仔細地把我端詳一番，並在原本嬌生慣養的我身上發現了幾道傷疤。看得出來他很痛心，我安慰他，說那是當兵的痕跡，已經不痛，沒有大礙。當下其實我是說謊了，傷痕後面的故事，我希望他們永遠不知曉。

後來等到媽媽終於止住了她流不停的淚水，我這個壞孩子接著拿出準備的禮物，一個精挑細選的 LV 包，感覺應該會很適合她。一打開禮物，結果媽媽又被我弄哭了，不過那是高興至極、不禁喜極而泣的眼淚，我真心希望她喜歡。從小為了弟弟和我，她不斷賺錢養家，滿足了我所有的物質需求，但是我卻從來沒能送她什麼禮物，這是我第一個自己賺錢買給她的東西。

對於爸爸，我則是送了一雙法軍沙漠色軍靴，還有一瓶波爾多酒莊紅酒、一瓶法國白蘭地加上一瓶威士忌。以我對爸爸的了解，在物質享受上，他幾乎是無欲無求，愛好的也只有那一口杜康而已。

給弟弟的禮物則帶了香奈兒的男士香水和永不過時的飛行員款雷朋太陽眼鏡，弟弟這人比我爸更無欲無求，整天志在工作，幾乎過著苦行僧的生活。我倒希望他能夠玩得開心一點，畢竟年輕，多認識朋友、好好談戀愛不能嗎？

他自己打工，拿著微薄的薪水，生活過得也節儉，而我卻在

我舊房間的抽屜裡發現好幾個紅包袋，原來從我離家後的每一年，他把他拿到的紅包錢都留了一半給我。

選擇走上外籍兵團這條路，父母從最初的不諒解到後來的勉強接受，唯一不變的是，擔心孩子安危的那顆提心吊膽的心。

或許有些任性，但對我而言，沒有來法國當兵的話，人生就不會完整，當了兵後悔幾年，不當兵後悔一生。雖然沒能為自己國家效忠奉獻，但若是國家需要我，我絕對義不容辭。

在外國軍隊的歷練跟自己國家不同，平心而論，軍隊都不是什麼舒服的地方，也不是賺錢的地方，怕死就不該當兵，想有錢也不該當兵。這裡有激動人心的冒險，是許多男人嚮往的殿堂，但實際上與浪漫主義毫不相關，是以時間和體力為代價，等待脫穎而出，直到未來某天，我可以大喊：「我有麵包，我有自由！」

退伍之日

　　從軍，也是我取得人生上真正公平的一步。畢竟我的家境並不允許我在國外讀書，然而在國外當兵後，卻可以讓我取得這種資格——做選擇的資格。

　　我從未將成為外籍兵團成員作為一生志業，對我來說，這五年，是任性的五年，是義無反顧的五年，也是浴火重生的五年，為此我並不後悔。相較於以往在法國當兵五年，退伍時就會給予法國國籍，如今拿國籍已經不那麼容易，若不續簽幾年，實在很難到手。所幸我一開始的目的便不在入籍法國，只要能夠賺點錢，夠自己幾年開銷便足矣。在軍隊裡，再待下去也毫無益處，便是離去的時候。

　　有別在台灣當兵每天「數饅頭」，在這裡我們倒是沒有這種說法，不過退伍前一年即使訓練依舊，日子相比以前也算是輕鬆了。江湖傳言「退伍前八字輕」，在我身上確有其事，在軍旅最後一年，我就進了四次急診室。

　　在外籍兵團認識的大部分同袍，無一例外，大家都對現狀有

所不滿，不滿軍隊、不滿上下級制度、不滿曾遭遇過的不公不義。然而時間一久，漸漸地這種不滿就成了習慣，這種生活可以過，我們還是會活著，但是絕不是我想要的。大家都明白在部隊裡久待並不一定是個好主意，但是很多口口聲聲說要離開的人，都不一定會付諸行動，有些人以續簽作籌碼換取升職，或換一段長假、申請培訓，或是藉機調去心儀的單位。

在退伍前某一天晚上，我收到媽媽發的一條訊息，希望我不要再當兵了，否則可能當一輩子的兵。而我沒有說出口的是，早在當兵之前，我就知道我絕不是一輩子待在軍隊的人，我也從來沒有說過我想續簽。

每當無路可走時，老天爺便會把石頭放在每個人面前，大多數人會把石頭堆砌成牆，修屋砌瓦僅求安定；有些人則會以命相搏，不畏風險以石造橋，哪怕前方無路，哪怕位於斷崖險嶺，也會義無反顧地闖出路來。

加入法國外籍兵團，是我追尋理想人生而走出來的路，到了可以退伍的時刻，有些人在體制前止步，把石頭砌成高牆，軍隊便是一座圍城，即便牆外許多人欽羨想進來，但是城內的人卻想出去。我不願成為這個體制的一部分，換言之，這片安穩的牆，不是我最終留下的場所，所以我不會停在原地，必須繼續向前。

退伍後，我終於自由了，帶著一點辛苦賺的錢，離開比家還熟悉的軍隊，八千里路雲和月，仍然歷歷在目。在離開軍隊前一年，我為了報考大學，趁著假期自費考了法語考試，所幸一試便過，順利達標外國學生進入公立大學的語言水準。

我在二〇二〇年三月底離開軍隊，當時已經申請了三家不同

大學、不同科系，但尚未收到錄取通知書，按理說最晚四月底就
該獲得答覆，但是我一直到六月才一一收到回覆，非常幸運的是，
三個志願全部申請成功。

在大學上課的日子每天都很新鮮，即便同學普遍比我年輕很
多，在校園也不比軍隊，人與人之間的相處雖然更加輕鬆彈性，
但不像軍隊裡那樣深刻，能培養出一出事就馬上拔刀相助的交情。

部隊的日子影響著我，什麼事情都盡量做得一絲不苟，當學
生就要當最認真的一位，每次上課都坐在第一排，對自己的要求
有時候甚至比從軍時更加嚴格，但也導致無法敞開內心，時常感
到莫名的壓抑。一如戲劇老師說的，學習戲劇表演便是解放天性。

或許經過幾年的學習，我能更放開自我也說不定？

戲劇是我的第一志願，我還選了從未接觸過、但是我一直很
感興趣的哲學（甚至差點就要去讀里昂第三大學的哲學系了），
主修戲劇、輔修哲學，透過戲劇的解放、哲學的反思，讓我更明
白生命的意義。

我退伍了，但學習不會停下。人生這趟旅程，我正繼續走出
自己的路。

後記 我願隨時奮不顧身

　　轉眼間，已經退役三年，兵團對我的影響依然，即便那些日子已經離我很遙遠。畢業之後我去了蒙彼利埃第三大學學戲劇表演，如今也畢業了，但夢想仍在路上。

　　我沒有鼓勵任何人來法國外籍兵團，如果有人因此而受鼓舞，那絕非我的本意，但是我也希望我的經歷能夠讓你們對法國外籍兵團有些許認識。在外國服役的生活絕不比動作電影，更多的是枯燥，雖然有出海外任務的機會，但是更多時候是在軍營的生活，面對站哨以及許多消磨心志的勤務，這也是為什麼比起待在軍營，有時候兵團的人更寧願去危險的地方出任務。

　　在法國人眼裡，外籍兵團都是一群瘋子，訓練得最為刻苦，有時候甚至違反人權。聽說也曾有關於外籍兵團虐待士兵以及自殺問題的調查，但是往往無疾而終，近來關於官兵的心理問題一直被拿出來討論，因為實在太多人還沒退役就先進了心理醫院。二〇二三年四月，我看到一則新聞，一個年輕的十九歲外籍兵團士兵選擇在軍營用槍結束自己的生命，而他才入伍沒幾個月。

軍人本就是辛苦的職業，這點無可厚非。在兵團如果運氣不好，出任務時，有可能會失去生命；軍隊裡還有種族歧視、無法想像的不公平對待，這些都是兵團裡的生活常態。這種情況也許會改善，但會是漫長的過程，每天面對重複的訓練、高壓的環境，在如此機械般被剝奪自由的生活條件下，有些人因此沾染上了不好的習慣，吃喝嫖賭都屬正常，吸毒被遣散的也不在少數。

　　當然，兵團也有許多優點。首先是穩定，每個月基本法國底薪，如果出任務或是勤務，薪水還能往上調整，而且生活都在軍營，沒有太多開銷的機會。這同時是我所說的一眼望盡的生活，你會知道每天幾點起床、幾點訓練、訓練的內容是什麼，但是兵團的生活變化也可以很大，在這裡可以接觸到各式各樣的技能，對於鍛鍊無所不用其極，可以今天跳個傘，明天上山下海，後天就把你拉去沙漠了。

　　兵團也讓我學到了社交。人不只是做事做得好就好，還需要學會做人。人是社會性動物，最重要的就是與人相處、與人為善，凡事得講道理，如果有些人講不明，拳頭也是道理之一。在軍隊裡，大部分的人缺少與外界的交流，缺少認識正常人的途徑，或是為了存錢而總是留在軍營，但我並不是這樣，我在部隊裡面結交很多朋友，在軍營外的朋友更多。許多人都覺得我善於交際，其實並非如此，我只是一直給自己找事情做，不管是學習或是玩樂都很認真。

　　碰到難得的假期，正常人都會好好度假，更何況我們當兵的，但我卻好幾次利用大好時光去了語言中心學法語、自我進修，巴黎索邦大學附屬語言中心是我故居，蒙彼利埃法國文化協會與我

有情。連在關禁閉的時候，也不忘帶一本法語字典，別人說我像瘋子一樣。兵團裡還有無數的喝酒活動，即便你不想喝，也會有人邀請你共飲，與來自世界各地的戰友們之間的相處，那些都會是以後的美好回憶。

　　法國外籍兵團，靠著書裡的隻言片語，很難道盡在這裡的生活。這是一本打打殺殺的日記，偶爾還有溫柔的聲音。待過簡單乾淨的科西嘉島，走過午夜迷離的巴黎，留在平靜安定的蒙彼利埃，在這個為了生活必須卑躬屈膝的年代，我對於懦弱膽怯不予苟同，只希望對目標奮不顧身。我深知自己的不完美，可是不達目的絕不罷休，也希望讀到這裡的你，能勇敢追尋，擁有屬於自己的精采。

▎堅持下去其實沒有想像中困難，有時候我們缺乏的是出發的勇氣。所謂的
▎軍人，說穿了就是勇敢的普通人加上一點訓練。

i 生活 17

前進或死亡
我在法國外籍兵團拿命來換的那五年

作　　　者	許逢儒 HOU Fu	責任編輯	巫芷玲
封面設計	Dinner illustration	內文排版	李偉涵
副總編輯	林獻瑞	地圖繪製	裴情那

出 版 者　好人出版／遠足文化事業股份有限公司
　　　　　新北市新店區民權路 108 之 2 號 9 樓
　　　　　電話 02-2218-1417　傳真 02-8667-1065
發　　行　遠足文化事業股份有限公司（讀書共和國出版集團）
　　　　　新北市新店區民權路 108 之 2 號 9 樓
　　　　　電話 02-2218-1417　傳真 02-8667-1065
　　　　　電子信箱 service@bookrep.com.tw　網址 http://www.bookrep.com.tw
　　　　　郵撥帳號 19504465 遠足文化事業股份有限公司
　　　　　讀書共和國客服信箱：service@bookrep.com.tw
　　　　　讀書共和國網路書店：www.bookrep.com.tw
　　　　　團體訂購請洽業務部 (02) 2218-1417 分機 1124
法律顧問　華洋法律事務所　蘇文生律師
印　　製　凱林彩印股份有限公司　電話 02-2796-3576

出版日期　2023 年 9 月 6 日二版一刷
定　　價　400 元
I S B N　978-626-7279-35-9
I S B N　9786267279335（PDF）
I S B N　9786267279342（EPUB）

版權所有 · 翻印必究（缺頁或破損請寄回更換）
特別聲明：有關本書中的言論內容，不代表本公司／出版集團之立場與意見，文責由作者自行承擔。
本書為《如果那是夢想，再苦也要去》（ISBN 9789869869393）增訂版。

國家圖書館出版品預行編目資料

前進或死亡：我在法國外籍兵團拿命來換的那五年/許逢儒作.
-- 二版 .-- 新北市：遠足文化事業股份有限公司好人出版：
遠足文化事業股份有限公司發行, 2023.09
面；　公分 . -- (i 生活；17)
ISBN 978-626-7279-35-9(平裝)
1.CST: 許逢儒 2.CST: 軍人生活 3.CST: 回憶錄

783.3886　　　　　　　　　　　　　　112013986

讀者回函 QR Code
期待知道您的想法